POLYGLOTT **on tour**

Elsass
Lothringen

W0072001

Die Autoren

Manfred Braunger
arbeitet seit vielen Jahren als Buch-
autor und Fotojournalist. Er verfasst
Reportagen, Artikel und Magazin-
beiträge – vor allem über Frankreich und die USA.

Susanne Feess
studierte Geschichte und Kunst-
geschichte. Seit mehreren Jahren
arbeitet sie als Autorin und freie
Lektorin und schreibt hauptsächlich
über Frankreich.

Reiseplanung

Die Reiseregion im Überblick 8

Die schönsten Touren 9

Städtische Schatztruhen (5–6 Tage) 9
   Colmar › Straßburg › Nancy › Metz

Bilderbuchbummel auf der elsässischen
Weinstraße (2 Tage) 11
   Marlenheim › Obernai › Mont Ste-Odile ›
   Riquewihr › Eguisheim › Thann

Abteien, Schlösser, Burgenromantik (4–5 Tage) 12
   Haguenau › Wissembourg › Fleckenstein ›
   Wasigenstein › Falkenstein › Bitche › La Petite
   Pierre › Graufthal › Saverne › Donon › Haut-
   Kœnigsbourg › Ribeauvillé

Geschichten aus Stein – Die romanische Straße
(2–3 Tage) 13
   Wissembourg › Neuwiller-lès-Saverne ›
   Marmoutier › Rosheim › Sélestat › Murbach
   › Ottmarsheim

Touren in den Regionen – Übersicht 14

Klima und Reisezeit 15

Anreise 16

Reisen in der Region 16

Sport und Aktivitäten 17

   Special **Radtouren**
   »Radeln und Schlemmen« 18

   Special **Kinder**
   »Unterwegs mit Kindern« 22

Unterkunft 24

Land & Leute

Steckbrief Elsass-Lothringen 28
   Lage und Landschaft][Bevölkerung und
   Religion

Geschichte im Überblick 30

Natur und Umwelt 31

Wirtschaft 32

Elsässerdeutsch 33

Kunst und Kultur **34**
    Architektur][Bildhauerei und Malerei][
    Literatur
Feste und Veranstaltungen **37**
  Special **Weinrouten**
    »Im Land der guten Tropfen« **40**
Essen und Trinken **42**
Shopping **43**

Unterwegs im Elsass und in Lothringen

Straßburg 46

In der historischen Altstadt spürt man an allen Ecken und Enden
die über 2000-jährige Geschichte der Stadt. Charmante Restaurants sorgen beim Stadtbummel für das leibliche Wohl.

Zur Orientierung **47**
Unterwegs in Straßburg **48**
    Münster][Maison Kammerzell][Musée de
    l'Œuvre Notre-Dame][Palais Rohan][Musée
    Historique][Ancienne Douane][Cour du Cor-
    beau][Musée Alsacien][St-Thomas][La Petite
    France][Barrage Vauban][Musée d'Art
    Moderne et Contemporain][Place Kléber][
    Place Broglie][Place de la République][Außer-
    halb des Altstadtkerns][am Rhein-Rhône-
    Kanal entlang

Das Nordelsass 59

Hübsche Kleinstädte, von Wäldern bedeckte Berge mit trutzigen
Burgruinen und viel Ursprünglichkeit prägen den sympathisch-
ländlichen Charakter des nördlichen Elsass.

Zur Orientierung **60**
Touren in der Region **60**
Unterwegs im Nordelsass **63**
    Haguenau][Betschdorf][Hoffen und Huns-
    pach][Wissembourg][Lembach][Château
    de Fleckenstein][Wasigenstein][Niederbronn-
    les-Bains][Burg Falkenstein][Bitche][Simser-
    hof][La Petite Pierre][Graufthal][St-Jean-
    Saverne][Saverne][Schiffshebewerk St-Louis/

Arzviller][Dabo][Marmoutier][Wangen-
bourg-Engenthal][Marlenheim][Avolsheim][
Molsheim][Mutzig][Rosheim][Boersch][
Obernai][Mont Ste-Odile][Struthof][Col du
Donon][Barr][Andlau][Dambach-la-Ville

Colmar und das südliche Elsass 80

Die wunderbare Altstadt von Colmar, berühmte Weindörfer und
die vom Wind gebürsteten Höhenzüge der Südvogesen machen
den Reiz des südlichen Elsass aus.

Zur Orientierung... 81
Touren in der Region... 82
Unterwegs in Colmar.. 86
    Colmar
Unterwegs im südlichen Elsass 92
    Eguisheim][Turckheim][Munster][Kaysers-
    berg][Riquewihr][Hunawihr][Ribeauvillé][
    Illhaeusern][Haut-Kœnigsbourg][Kintzheim
    ][Sélestat][Ebersmunster][Ste-Marie-aux-
    Mines][Col du Bonhomme][Lac Blanc und
    Lac Noir][Col de la Schlucht][Gérardmer][
    Hohneck][Le Markstein][Husseren-Wesser-
    ling][Thann][Murbach][Guebwiller][
    Rouffach][Ecomusée d'Alsace/Bioscope][
    Mulhouse][Altkirch][Ferrette][St-Louis][
    La Petite Camargue][Ottmarsheim][Neuf-
    Brisach][Biesheim

Metz und Nancy 109

Imposante Kirchen und Klöster, vielfältige Museen und herrliche
Plätze locken Besucher in die lothringischen Metropolen.

Zur Orientierung... 110
Unterwegs in Metz.. 111
    Als Stadtflaneure am Moselufer][Ausflug
    nach Thermapolis
Unterwegs in Nancy... 116
    Zu Besuch beim Welterbe Nancy][Ausflüge
    ab Nancy

Lothringen 122

In der Heimat von Jeanne d'Arc, entlang der Künstlerroute Ligier Richier und selbst in bekannten Kurorten wie Vittel geht das Leben einen angenehm-gemächlichen Gang.

Zur Orientierung 123
Touren in der Region 123
Unterwegs in Lothringen 127
Amnéville-les-Thermes][Thionville][Étain][Verdun][Kriegsschauplätzen bei Verdun][Parc Naturel Régional de Lorraine][St-Mihiel][Bar-le-Duc][Commercy][Vaucouleurs][Domrémy-la-Pucelle][Grand][Pompierre][Contrexéville und Vittel][Bains-les-Bains][Plombières-les-Bains][Épinal][St-Dié][Baccarat][Lunéville][St-Nicolas-de-Port][Toul][Liverdun][Pont-à-Mousson][Gorze
Special **Kristallglas**
»Handwerk mit Schliff« 136

Infos von A–Z 139

Register 141
Das System der Polyglott-Sterne .... Umschlag vorne

Echt gut!

Romantische Hotels 25
Berühmte Gourmettempel 42
Die attraktivsten Aussichtspunkte 58
Bekannte Burgen und Festungen 94
Die interessantesten Märkte und Messen 120

Karten

Strasbourg (Straßburg) 49
Nordelsass 62
Südliches Elsass 83
Colmar (Innenstadt) 88
Metz 112
Nancy (Innenstadt) 117
Lothringen 124
Übersichtskarte .... Umschlag hinten

Reiseplanung

Die Reiseregion im Überblick][Die schönsten
Touren][Klima und Reisezeit][
Anreise][Reisen in der Region][Sport
und Aktivitäten][Unterkunft

Die Reiseregion im Überblick

Weinfest in Eguisheim

Abwechslungsreiche Landschaften, Metropolen wie Straßburg, Metz und Nancy voller Kunst- und Kulturschätze, romantische Winzerdörfer, beschauliche Kurorte, eine berühmte Gastronomie und edle Spitzenweine haben das Elsass und Lothringen zu einer bekannten Region im Herzen Europas gemacht. Zu Reiz und Unverwechselbarkeit hat auch die historische Grenzlage entscheidend beigetragen. Dadurch stand das Land nicht nur über lange Zeiträume seiner Geschichte im Mittelpunkt eines machtpolitischen Gezerres zwischen beiden Seiten des Rheins. Bei den Menschen ließ das ständige Hin und Her eine ausgeprägt eigenwillige Mentalität entstehen und machte das Grenzland gerade wegen seiner Vergangenheit zu einem weltoffenen und gleichzeitig traditionsbewussten, von typischen Eigenarten geprägten Teil Europas. Überquert man irgendwo zwischen Basel und Karlsruhe den Rhein, kommt einem vieles vertraut und doch ganz anders vor. Ähnlich soll es übrigens auch Franzosen bei einem Besuch in ihrer »exotischen« Provinz gehen.

Unter den beiden Regionen ist das Elsass mit der Europa-Metropole **Straßburg** touristisch zweifellos das bekanntere und attraktivere Gebiet. Das **Nordelsass** umfasst, von Saverne, Haguenau und Wissembourg abgesehen, eher kleine Orte – und den ausgedehnten, waldreichen Parc Régional des Vosges du Nord mit mehreren sehenswerten Burgruinen wie dem populären Château Fleckenstein. Weiter südlich steigt das Terrain vom flachen Rheintal über die Weinkulturen an der berühmten Route des Vins in den Vorbergen bis auf die ca. 1400 m hohen Vogesen an, die das ganze Jahr ein ideales Revier für Freizeitaktivitäten bilden.

Kulturreisende kommen neben Straßburg hauptsächlich im altehrwürdigen **Colmar und dem südlichen Elsass** auf ihre Kosten und finden entlang der von Wissembourg bis nach Murbach verlaufenden Romanischen Straße großartige Sakralbauten im romanischen Baustil.

Die herausragenden Touristenziele in Lothringen sind in erster Linie die Hauptstadt **Metz** und die vom polnischen Exkönig Stanislas Leszczynski geprägte Residenzstadt **Nancy.** Während im Norden um Verdun die Spuren zweier verheerender Weltkriege unübersehbar sind, bietet das südliche **Lothringen** mit der Heimat von Jeanne d'Arc und provinziellen Heilbädern wie Contrexéville und Vittel gleich mehrere Anziehungspunkte.

Die schönsten Touren

Städtische Schatztruhen (5–6 Tage)

1 Colmar ❯ Straßburg ❯ Nancy ❯ Metz

Distanzen:
Colmar ❯ **Straßburg** 63 km; **Straßburg** ❯ **Nancy** 115 km; **Nancy** ❯ **Metz** 53 km

Verkehrsmittel:
Die Städtereise lässt sich bequem mit dem eigenen Fahrzeug unternehmen. Aber auch per Bahn kommt man unkompliziert vom einen Ort zum anderen. Mehrmals täglich kann man mit dem Zug von Colmar nach Straßburg fahren (Fahrtzeit ca. 30 Min.). Zwischen der elsässischen Metropole und Nancy via Saverne (ca. 1 ½ Std.) sowie zwischen Nancy und Metz (je nach Zugkategorie 30–60 Min.) verkehren täglich ebenfalls zahlreiche Züge.

Alle vier Städte sind für Kunstkenner und Kulturreisende wahre Schatztruhen, was in erster Linie für Straßburg gilt, für das man mindestens zwei Tage veranschlagen sollte. Aber auch »Kulturmuffel« kommen auf ihre Kosten, sofern sie gastronomische Juwelen und verführerische Einkaufsgelegenheiten zu schätzen wissen.

Die Vier-Städte-Tour beginnt im Südosten der Region in ****Colmar** ❯ S. 86 und endet im Nordwesten von Lothringen in Metz oder umgekehrt. Mit seinen kompakten mittelalterlichen Kern mit krummen Straßen, idyllischen Plätzen, schönen Fachwerkhäusern und zahlreichen sehenswerten Kirchen zählt Colmar zu den interessantesten Städten im Elsass.

Die 2000-jährige Geschichte von *****Straßburg** ❯ S. 48 ist an allen Ecken und Enden der vom Flüsschen Ill eingerahmten Altstadt sicht- und spürbar. Neben dem historischen Münsterplatz mit dem wunderbaren Münster gilt Stadtbesuchern das romantische frühere Gerberviertel La Petite France als besonderes Kleinod. Prachtbauten, Museen, Straßen mit Delikatessengeschäften und nicht zuletzt das Europaviertel machen die elsässische Metropole zu einem ganz besonderen Stadtabenteuer.

Nancy ❯ S. 116 kann mit der berühmten Place Stanislas einen der schönsten Stadtplätze in ganz Europa vorweisen. Im Musée de l'École de Nancy sind die Werke einer ganzen Reihe von berühmten Glaskünstlern zu bewundern. Die lothringische Hauptstadt **Metz** ❯ S. 111 versucht gar nicht, ihr eher provinzielles Flair zu verbergen. Sie wartet mit kunsthistorischen Juwelen wie der Cathédrale St-Etienne auf und wird in allernächster Zukunft mit der neuen Filiale des Pariser Centre Pompidou ein besonderes architektonisches Schaustück besitzen.

Das Kloster Mont Ste-Odile thront auf dem Odilienberg über dem Rheintal

Bilderbuchbummel auf der elsässischen Weinstraße (2 Tage)

—②— Marlenheim › Obernai › Mont Ste-Odile › Riquewihr › Eguisheim › Thann

Distanzen:

Marlenheim › Obernai 32 km; **Obernai › Mont Ste-Odile** 6 km; **Mont Ste-Odile › Riquewihr** 40 km; **Riquewihr › Eguisheim** 23 km; **Eguisheim › Thann** 39 km

Verkehrsmittel:

Am besten unternimmt man diese Tour mit dem Pkw, weil man dann örtlich und zeitlich unabhängig ist. Wer genügend Kondition mitbringt, kann das elsässische Weinland natürlich auch vom Fahrradsattel aus genießen. An Sommer- und Herbstwochenenden herrscht in den Weinhochburgen nicht selten Rummelplatzatmosphäre. Wer es geruhsamer angehen will, wählt für eine Besichtigung in der Hauptsaison besser Wochentage oder warme Frühjahrsmonate aus, wenn die Vorberge der Vogesen ihren ganzen Blütenzauber entfalten.

Wenn im Elsass einer Touristenstraße das Prädikat »besonders sehenswert« zusteht, dann der viel gerühmten Weinstraße. Die Route des Vins verläuft in den welligen Vorbergen der Vogesen und reiht romantische Winzerdörfer wie auf einer Schmuckkette aneinander.

Gleichgültig, ob man die Weinstraße in südlicher oder nördlicher Richtung befährt: Elsässische Fachwerkromantik lässt sich nirgendwo auf so malerische Weise genießen wie in den zwischen Rebbergen verstreuten Weinorten entlang der ca. 150 km langen Route. Vom dörflichen **Marlenheim** › S. 72, wo Fachwerkhäuser die Hauptstraße säumen, geht es ins hübsche ****Obernai** › S. 76, dem touristischen Zentrum an der nördlichen Route des Vins mit einem reizenden Marktplatz und einer historischen Kornhalle. Ein Abstecher schließt den auf einem Berg liegenden Wallfahrtsort ***Mont Ste-Odile** › S. 77 ein, von dem der Blick weit über die Rheinebene reicht. Mit Fug und Recht kann man ****Riquewihr** › S. 95 als Hochburg unter den elsässischen Weindörfern bezeichnen, weil der kleine Ort mit seinen schmucken Winzerhäusern und einem respektablen gastronomischen Angebot die meisten Touristen anzieht. Auch zum Übernachten bietet er sich mit seinen typisch elsässischen Unterkünften an. Über das reizende ****Eguisheim** › S. 92 mit seinem mittelalterlichen Charme erreicht man das südliche Ende der Weinstraße in *Thann › S. 102, wo Kunstliebhaber die Westfassade des Münsters nicht auslassen sollten.

Abteien, Schlösser, Burgenromantik (4–5 Tage)

─③─ Haguenau › Wissembourg › Fleckenstein › Wasigenstein › Falkenstein › Bitche › La Petite Pierre › Graufthal › Saverne › Donon › Haut-Kœnigsbourg › Ribeauvillé

Distanzen:
Haguenau › Wissembourg 32 km; Wissembourg › Fleckenstein 21 km; Fleckenstein › Wasigenstein 12 km; Wasigenstein › Falkenstein 19 km; Falkenstein › Bitche 16 km; Bitche › La Petite Pierre 27 km; La Petite Pierre › Graufthal 7 km; Graufthal › Saverne 16 km; Saverne › Donon 53 km; Donon › Haut-Kœnigsbourg 61 km; Haut-Kœnigsbourg › Ribeauvillé 14 km

Verkehrsmittel:
Die Schätze des Nordelsass liegen innerhalb und außerhalb des Nordvogesenparks so weit in der bewaldeten Landschaft verteilt, dass man die Route am einfachsten mit dem Pkw absolviert. Die Etappen von Haguenau nach Wissembourg und von Saverne nach Sélestat am Fuß der Haut-Kœnigsbourg kann man mehrmals täglich mit dem Regionalexpress TER zurücklegen. Übernachtungen plant man am besten in Haguenau, Wissembourg, Bitche und Saverne ein, weil dort die größte Auswahl an Unterkünften besteht. An Campingplätzen entlang der Route herrscht kein Mangel.

Sowohl die ehemalige Stauferhochburg **Haguenau** › S. 63 als auch die frühere Freie Reichsstadt ***Wissembourg** › S. 65 besitzen alte Stadtkerne und architektonische Zeugnisse aus längst vergangener Zeit. Wie sehr das nördliche Elsass durch seine Grenzlage geprägt wurde, beweisen die drei Burgruinen ***Fleckenstein** › S. 66, **Wasigenstein** › S. 67 und **Falkenstein** › S. 68, von denen die Erstgenannte die bekannteste ist. Durch die Waldgebiete des Nordvogesenparks erreicht man **Bitche** › S. 68, über dem unübersehbar die Zitadelle des Festungsbaumeisters Vauban thront. Von ***La Petite Pierre** › S. 69 aus wird der Nordvogesenpark verwaltet, in dessen südlichem Teil mit **Graufthal** › S. 69 ein Dorf mit ehemaligen Höhlenwohnungen liegt.

Das Städtchen ***Saverne** ❭ S. 69,
unweit eines schon von den Rö-
mern benutzten Vogesenpasses
gelegen, glänzt mit dem Rohan-
Schloss, einer mitten im Stadtkern
gelegenen Schleuse des Rhein-
Marne-Kanals und der Festung
Haut-Barr. Quer durch die Nord-
vogesen führt der weitere Weg
zum gut 1000 m hohen ***Donon**
❭ S. 78, einem mythischen Berg
der Kelten und zur berühmten
*Haut-Kœnigsbourg ❭ S. 98. Am
Ende der Route setzt der Weinort
Ribeauvillé ❭ S. 96 mit zwei hoch
über der Gemeinde thronenden
Burgen einen mittelalterlichen
Akzent.

Die berühmte Haut-Kœnigsbourg

Geschichten aus Stein –
Die romanische Straße (2–3 Tage)

④ Wissembourg ❭ **Neuwiller-lès-Saverne** ❭ **Marmoutier** ❭
Rosheim ❭ **Sélestat** ❭ **Murbach** ❭ **Ottmarsheim**

Distanzen:
Wissembourg ❭ **Neuwiller-lès-Saverne** 68 km; **Neuwiller-lès-
Saverne** ❭ **Marmoutier** 16 km; **Rosheim** ❭ **Sélestat** 27 km; **Sélestat**
❭ **Murbach** 60 km; **Murbach** ❭ **Ottmarsheim** 40 km

Praktische Hinweise:
Auf dieser Route sind nur die drei Stationen Wissembourg,
Rosheim und Sélestat per Zug erreichbar. Auf weiten Abschnitten
ist diese der romanischen Architektur gewidmete Touristenstraße
in der Routenführung mit der Weinstraße identisch, sodass man
Kunsterlebnisse mit bacchantischen Freuden verbinden kann.

Das reizende ***Wissembourg** ❭ S. 65 mit der auf romanische Ursprünge
zurückgehenden Basilika St-Pierre-et-St-Paul bildet den Auftakt zu dieser Reise zu den bekanntesten romanischen Bauschätzen des Elsass.
Nächste Station ist das ehemalige Benediktinerkloster in **Neuwiller-**

lès-Saverne, ehe in ***Marmoutier** ❭ S. 71 eine der schönsten und mächtigsten Abteikirchen im Elsass mit einer grandiosen Westfassade folgt. Wer sich für die Baukunst dessen 11. bis und 13. Jhs. begeistert, wird auch von der Kirche St-Pierre-et-St-Paul in **Rosheim** ❭ S. 74 und ihrem vielfältigen Bauschmuck beeindruckt sein. Von den beiden den Stadtkern von ***Sélestat** ❭ S. 98 dominierenden Gotteshäusern huldigt nur Ste-Foy dem romanischen Baustil. Wird im Elsass über die romanische Epoche gesprochen, fallen mit Sicherheit die Namen ***Murbach** ❭ S. 103 und **Ottmarsheim** ❭ S. 108, die beide weit über die Landesgrenzen hinaus bekannte romanische Kirchen besitzen. Für eine Übernachtung bietet sich Sélestat an, weil dort die größte Auswahl an Unterkünften besteht.

Touren in den Regionen

Touren	Region	Dauer	Seite
Prunkvolle Schatztruhe Straßburg	Straßburg	1 Tag	48
Durch Töpfer- und Fachwerkdörfer	Nordelsass	1 Tag	60
Kirchen, Burgen, Zitadellen	Nordelsass	1 Tag	61
Radtour um den Haguenauer Forst	Nordelsass	1–2 Tage	61
Im Reich der edlen Tropfen	Colmar und das südliche Elsass	2–3 Tage	82
Panoramatour auf dem Vogesenkamm	Colmar und das südliche Elsass	2 Tage	82
Wanderung auf dem Felsenpfad	Colmar und das südliche Elsass	½ Tag	84
Romantische Drei-Täler-Tour	Colmar und das südliche Elsass	1 Tag	85
Landpartie im Sundgau	Colmar und das südliche Elsass	1 Tag	86
Als Stadtflaneure am Moselufer	Metz und Nancy	½ Tag	111
Zu Besuch beim Welterbe Nancy	Metz und Nancy	½ Tag	116
Zwischen Mosel und Maas	Lothringen	2–3 Tage	123
Künstlerroute Ligier Richier	Lothringen	1 Tag	125
In der Heimat von Jeanne d'Arc	Lothringen	½ Tag	126
Straße der heilenden Quellen	Lothringen	½ Tag	126

Klima und Reisezeit

Dank den Vogesen, die Kaltluft und Niederschläge abhalten, ist das Klima im Elsass sehr mild: Von Mai bis September herrscht angenehme Wärme, während im Winter die Temperaturen nur selten unter den Gefrierpunkt sinken. Eine ähnliche Klimabarriere fehlt in Lothringen, das entsprechend niederschlagsreicher ist. In den Vogesen kann bereits ab Ende Oktober Schnee fallen.

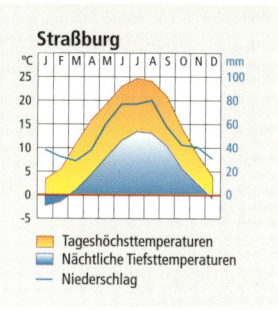

Als Urlaubsziele sind das Elsass und Lothringen ganzjährig interessant, wobei die bevorzugte Reisezeit natürlich auch von den jeweiligen Interessen abhängt. Wie alle Weingegenden ist das Elsass im Herbst besonders schön, aber auch entsprechend überlaufen. Von der Rheinebene bis in die Vorberge der Vogesen wird das Frühjahr von einem unvergleichlichen Blütenzauber begleitet. Von Juni bis Oktober sollte man in Straßburg und an der Weinstraße in jedem Fall an Hotelreservierungen denken. Die Wintermonate, in denen es ruhig wird, haben einen eigenen Reiz, selbst bei schlechterem Wetter. »Schneehasen« fühlen sich im tiefsten Winter v. a. auf den Hochlagen der Südvogesen wohl, wo sich Le Markstein mit 7 und La Bresse mit 38 Pisten für Ski alpin anbieten. Im Wintersportgebiet Champ du Feu weiter nördlich sind in der kalten Jahreszeit 13 Lifte in Betrieb. Das Wetter in Lothringen zeigt sich in den Sommer- und ersten Herbstmonaten von seiner angenehmsten Seite.

Rheinebene im Elsass

Anreise

Mit dem Flugzeug

Am günstigsten für eine Reise in die Region liegen die Flughäfen von Basel–Mulhouse–Freiburg (Tel. 03 89 90 31 11; www.euroairport.com); Straßburg–Entzheim (Tel. 03 88 64 67 67; www.strasbourg.aeroport.fr) und Metz–Nancy (Tel. 03 87 56 70 00; www.metz-nancy-lorraine.aeroport.fr).

Mit der Bahn

Der Hochgeschwindigkeitszug TGV fährt von Karlsruhe und Stuttgart über Straßburg nach Paris und via Saverne nach Nancy/Metz bzw. über Mulhouse nach Lyon (www.tgv-europe.com). Vom Hauptbahnhof Straßburg (Information Tel. 03 8 99 65 99 60) besteht außerdem Anschluss nach Luxemburg, Belgien und in die Schweiz.

⚠️ Im Internet (www.bahn.de) findet man vergünstigte Angebote und Informationen zu Tarifen. Bahnreisen nach Frankreich können über Reisebüros und DB-Verkaufsstellen reserviert werden. Informationen über das französische SNCF-Netz findet man im Internet unter www.voyages-sncf.fr.

Mit dem Auto

Das Elsass ist über die Autobahnen A 35/E 25 (Mulhouse–Strasbourg) sowie A 36 (Mulhouse–Lyon/Dijon) und A 4 (Strasbourg–Metz–Paris) mit dem restlichen Frankreich verbunden. Durch Lothringen verlaufen die große Nord-Süd-Route A 31 (Luxemburg–Metz–Nancy–Dijon) und die Ost-West-Verbindung A 4 (s. o.). Ein wichtiger Zugang zum Elsass ist auch die deutsche Autobahn A 5 (Basel–Karlsruhe).

Reisen in der Region

Mit Bahn und Bus

An die durch das Rheintal (Strasbourg–Mulhouse) und westlich der Vogesen (Luxemburg–Metz–Nancy–Lyon) verlaufenden Bahnhauptstrecken sind Nebenlinien angeschlossen. Kleinere Orte, v. a. in den Vogesen, sind hingegen in der Regel nur per Bus erreichbar, für den man viel Zeit einplanen muss. Ausführliche Fahrplanauskünfte bekommt man in den Bahnhöfen größerer Städte wie Straßburg und Nancy und im Internet unter www.tgv-europe.com.

Mit dem Auto

Das Straßennetz der Region ist gut ausgebaut. Mietwagen bekommt man an allen Flughäfen und in großen Städten. Alternativ kann man Autos auch in grenznahen deutschen Großstädten wie etwa Saarbrücken, Karlsruhe oder Freiburg anmieten. Die Höchstgeschwindigkeit beträgt in Ortschaften 50 km/h, auf Landstraßen 90 km/h, auf Schnellstraßen 110 km/h und auf Autobahnen 130 km/h. Verkehrsverstöße werden mit saftigen Geldbußen geahndet.

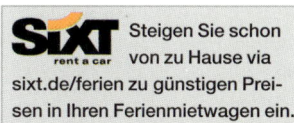
Sport und Aktivitäten

Die Verkehrsvereine der Départements Haut- und Bas-Rhin ❭ S. 139 geben jeweils eine Broschüre mit dem Titel »Guide des Loisirs« mit guten Hinweisen zu allen Sportarten heraus (nur auf Französisch). Über Lothringen informiert das Comité Régional du Tourisme de Lorraine, BP 97, Pont-à-Mousson, Tel. 03 83 80 01 80, www.crt-lorraine.fr.

Wandern

Ein Netz gut markierter Wege durchzieht die Vogesen und ermöglicht Unternehmungen, von Tageswanderungen bis hin zu mehrtägigen Touren, die auch von Reiseveranstaltern inklusive Unterkunft organisiert werden. Vorschläge für Wanderungen im Elsass finden sich unter www.tourisme67.com/de sowie www.tourisme68.com/de; für Lothringen: www.tourismus-lothringen.eu/de.

Weitere Infos unter:

■ **Association pour le Developpement des Vosges du Nord**
Maison du Parc][Château
67290 La Petite-Pierre
Tel. 03 88 01 49 59
www.parc-vosges-nord.fr
■ **Club Vosgien**
16, rue Ste-Hélène
67000 Straßburg
Tel. 03 88 32 57 96
www.club-vosgien.com

Wandern auf der Route des Crêtes

Radeln und Schlemmen

Für passionierte Radsportler ist das im südlichen Elsass gelegene **Münstertal** mit seiner idyllischen Landschaft ein wahres Paradies. Im Office de Tourisme in Munster liegt eine Broschüre aus, die zehn gut markierte, insgesamt ca. 300 km lange Routen beschreibt. Wer sich auf einer Tour eine deftige, traditionelle Melkermahlzeit gönnen will, kann in zahlreichen Fermes-Auberges einkehren.

■ **Office de Tourisme de la Vallée de Munster**
1, rue du Couvent][**Munster**
Tel. 03 89 77 31 80
www.la-vallee-de-munster.com

■ **Ferme-Auberge du Geisbach**
4, chemin du Geisbach
Luttenbach
Tel. 03 89 77 32 63
www.geisbach.fr
Im Hochsommer tgl. geöffneter Berggasthof mit Spezialitäten wie Melkermahlzeit, einfache Zimmern. ●

■ **Ferme-Auberge du Schnepfenried**
Metzeral
Tel. 03 89 77 61 61
www.elsass-netz.de
1072 m hoch gelegenen Hof auf dem Bauernmahlzeiten serviert werden. ●

Im Département Meurthe-et-Moselle in **Lothringen** macht das Radeln v. a. um Lunéville und Baccarat oder um Longwy Spaß. Detaillierte Karten und Beschreibungen im Internet unter www.tourisme-meurtheetmoselle.fr, Stichwort »Natur und Freizeit«.

Vom Schwarzwald durchzieht die **Grüne Straße/Route Verte** das Elsass und Lothringen. Sie leitet Radfahrer auf 250 km in zwölf Etappen von Titisee-Neustadt bis Contrexéville. Infos bei:

Association Route Verte
Tel. 03 89 20 10 68
1 rue Schlumberger][**Colmar**
www.gruene-strasse.de

Radfahren

Im Elsass und in Lothringen sind aufgrund der geringen Entfernungen zwischen Sehenswürdigkeiten Besichtigungstouren gut mit dem Rad zu bewältigen. Von Offenburg verläuft über Straßburg bis nach Molsheim einer der Europäischen Radwanderwege. In vielen Städten wie Straßburg, Colmar, Gérardmer, Nancy und Metz gibt es Stationen, an denen man Räder mieten kann. In Zügen kann man auch das eigene Rad transportieren. Vorschläge für Radtouren finden sich im Internet unter den Adressen www.tourisme67.com/de und www.tourisme68.com/de.

Baden

In der Rheinebene liegen mehrere **Baggerseen** wie der populäre Lac du Baggersee südlich von Straßburg (erreichbar vom Stadtzentrum mit Straßenbahnlinie A), Lac Achard ebenfalls im Süden von Straßburg und Lac de Baggerloch bei Benfeld. Eine schattige Liegewiese machen das Freibad Staedly in Roeschwoog bei Soufflenheim zum Sommerziel. Wegen des Schiffsverkehrs ist der Rhein kein günstiges Baderevier.

Erlebnisbäder mit Rutschen laden in Haguenau ❯ S. 63, Bouxwiller und Erstein ein. Adressen von **Schwimmbädern** findet man im Internet unter www.tourisme67.com/de und www.tourisme68.com/de.

Mehrere **Badestrände** unter freiem Himmel liegen mitten im Parc Naturel Régional de Lorraine am Lac de Madine, einem künstlich aufgestauten Gewässer. Auch für Campingfreunde sind die Uferzonen des Stausees interessant. Beim Schwimmen sollte man jedoch Vorsicht walten lassen, da der Boden des Sees stark mit Schlingpflanzen bewachsen ist.

Wassersport

Die **Seen** im Parc Naturel Régional des Ballons des Vosges, Lac de Gérardmer und Lac de Longemer stehen auch bei Windsurfern hoch im Kurs. Der lothringische Lac de Madine besitzt einen Sportboothafen in Nonsard-Lamarche und zwei weitere kleine Häfen in Heudicourt-sous-les-Côtes und in Nonsard. Wer segeln will, muss sich beim Hafenmeister melden und eine Tagesgebühr bezahlen. Der Lac de la Folie bei Contrexéville ist ebenfalls ein Tipp für Wassersportler. Freizeitkapitäne befahren per Hausboot gerne den Rhein-Marne- und den Rhein-Rhône-Kanal, zwei **Wasserstraßen** mit vielen Schleusen.

Im Parc des Eaux Vives in Huningue bei Basel gibt es tolle Parcours für **Kajak**- und **Kanufahrer** bzw. Raftingfreunde. In der bestens ausgestatteten und organisierten Zentrale des Parks kann man Ausrüstung ausleihen:

Parc des Eaux Vives

3, Quai Maroc][Huningue][Tel. 03 89 89 70 20
www.ville-huningue.fr/dn_Wassersport_Kanu_Kajak_Rafting/

Klettern

In den Vogesen liegen interessante Gebiete für Felskletterer, die man unter http://sportals.ifrance.com lokalisieren kann. Zwischen Col de la Schlucht und Hohneck ragen die Felszacken der Martinswand mit ca. 80 teils anspruchsvollen Vertikalrouten in den Himmel. Auch am Petit Hohneck, südwestlich von Gueberschwihr, im Granitgebiet Moutier des Fées 6 km südlich von Gérardmer, in Kronthal bei Marlenheim und im Nordvogesenpark westlich von Wissembourg finden Kletterer gute Trainingsgebiete.

Felsenklettern in den Vogesen

Paragliding

In den Südvogesen sind die Gebiete um den Ballon d'Alsace und Le Markstein Anhängern dieser Sportart längst bekannt. Hier werden Paragliding-Kurse angeboten:

■ **Das Centre Ecole du Markstein**

Z.A. Oderen][**Tel. 03 89 82 17 16**][**www.centreecolemarkstein.com**

■ **Bol d'Air**

78, Rue du Hohneck][**La Bresse**][**Tel. 03 29 25 62 62**][**www.bol-d-air.fr**

Golf

Auch im Elsass und in Lothringen ist Golf mittlerweile zu einer populären Sportart herangewachsen. Einen Überblick über die zahlreichen Plätze und Clubs in Lothringen verschafft die Internetseite www.golf-lorraine.com. Empfehlenswerte Anlagen sind:

■ **Golfclub Soufflenheim Baden-Baden**

Soufflenheim][**Tel. 03 88 05 77 00**][**www.golfclub-soufflenheim.com**

■ **Golf de la Wantzenau**

La Wantzenau][**Tel. 03 88 96 37 73**][**www.golf-wantzenau.fr**

■ **Le Kempferhof**

Plobsheim][**Tel. 03 88 98 72 72**][**www.golf-kempferhof.com**

■ **Golf Public d'Ammerschwihr Trois-Epis**

Ammerschwihr][**Tel. 03 89 47 19 34**][**www.golf-ammerschwihr.com**

■ **Alsace Golf Club**

Rouffach][**Tel. 03 89 78 52 12**][**www.alsacegolfclub.com**

■ **Golf Club des Bouleaux**

Wittelsheim][**Tel. 03 89 55 55 07**][**www.golf-bouleaux.asso.fr**

■ **Golf & Country Club La Largue**
Mooslargue][Tel. 03 89 07 67 67][www.golf-lalargue.com

Wellness

In den lothringischen Südvogesen liegen mit Vittel › S. 132, Contrexéville › S. 132, Bains-les-Bains › S. 133 und Plombieres-les-Bains › S. 133 die vier bekanntesten Kurbäder der Region. Hier können Gäste unterschiedliche Kur- und Wellnessangebote in Anspruch nehmen (www.tourismevosges.fr). Entsprechende Einrichtungen gibt es auch in den Thermalorten Amnéville-les-Thermes › S. 127 und im elsässischen Sulzbad in Soultz-les-Bains. Immer mehr Hotels bieten ihren Gästen Wellnessbereiche mit Pools, Saunen, Jacuzzi, Solarien und Fitnessräumen an.

Sulzbad
1, Allée des Bains][Soultz les Bains][Tel : 03 88 47 99 25
www.sulzbad.com
Kuren, individuelle Behandlungen und Schönheitspflege, Massagen, Wassergymnastik, Schlammpackungen und Algenbäder.

Wintersport

Naturgemäß liegen die besten Wintersportgebiete auf den höchsten Erhebungen im Elsass und in Lothringen: in den südlichen Vogesen. Am Ballon d'Alsace, um Le Markstein, Schnepfenried, Gaschney, Lac Blanc, Col des Bagenelles, Xontrupt-Longemer, Ventron, St-Maurice/Moselle und Valtin herrscht in der kalten Jahreszeit Skivetrieb. Neben Ski Alpin gibt es Langlaufloipen sowie Möglichkeiten zu Ausflügen mit Hundeschlitten und auf Schneeschuhen (www.tourisme68.com/de; www.tourismevosges.fr).

Kochen lernen

In vier Gourmet-Restaurants können sich ambitionierte Hobbyköche zu Kochkursen bei renommierten Küchenchefs anmelden:

■ **Au Cheval Blanc**
4, rue de Wissembourg][Lembach][Tel. 03 88 94 41 86
www.au-cheval-blanc.fr

■ **Au Cheval Blanc**
11, rue Principale][Niedersteinbach][Tel. 03 88 09 55 31
www.hotel-cheval-blanc.fr

■ **Buerehiesel**
4, parc de l'Orangerie][Strasbourg][Tel. 03 88 45 56 65
www.buerehiesel.fr

■ **Les Ducs de Lorraine**
5, av. de Provence][Epinal][Tel. 03 29 29 56 00
www.restaurant-ducsdelorraine.com

Special

Unterwegs mit Kindern

Das Elsass bietet mit seinen Tierparks, Aquarien und Erlebnis-
bädern (s. »Baden«, › S. 19) ein
breites Angebot für Familien.

Störche beobachten

Ein Renner sind die Parks mit
Störchen wie der Vergnügungs-
park Cigoland Alsace und das
Centre de Réintroduction des
Cigognes et des Loutres in Hunawihr, weil man dort das ganze
Jahr über standorttreue Störche in
ihren unterschiedlichen Entwick-
lungsstadien aus nächster Nähe
beobachten kann.

■ **Cigoland Alsace**
rte de Sélestat][Kintzheim
Tel. 03 88 92 36 36
www.cigoland.fr
■ **Centre de Réintroduction des
Cigognes et des Loutres**
Route des Vins][Hunawihr
Tel. 03 89 73 72 62
www.cigogne-loutre.com

Tierparks

Ein Klassiker unter den Tierparks
ist der Affenberg, wo auf einem
24 Hektar großen Waldgebiet
ca. 280 Berberaffen leben. Größter Tierpark im Elsass ist der Zoo
Mulhouse mit Tieren aus vielen
Teilen der Welt. Im Zoo
d'Amneville in Lothringen lernen
Besucher 2000 Tiere aus fünf
Kontinenten kennen.

■ **Montagne des Singes**
Kintzheim
Tel. 03 88 92 11 09
www.montagnedessinges.com
■ **Zoo Mulhouse**
51, rue jardin zoologique
Mulhouse
Tel. 03 89 31 85 10
www.zoo-mulhouse.com
■ **Zoo d'Amnéville**
1, rue du Tigre
Amnéville Les Thermes
Tel. 03 87 70 25 60
www.zoo-amneville.com

Aquarien

Bunte Fische, exotische Meerespflanzen, Korallenriffs und lautlos durch das Wasser gleitende Haie, wie im Parc-Aquarium Les Naïades in Ottrott und im Aquarium Imperator in Amnéville-les-Thermes, üben eine magische Anziehungskraft auf Kinder aus.

■ **Parc-Aquarium Les Naïades**
30, rte de Klingenthal
Ottrott][**Tel. 03 88 95 90 32**
www.parclesnaiades.com
■ **Aquarium Imperator**
Centre thermal et touristique
Amnéville-les-Thermes
Tel. 03 87 70 36 61
www.aquarium-amneville.com

Freizeitparks

Der 42 Hektar große Freizeit- und Themenpark ca. 15 km nordwestlich von Metz bietet über 50 Attraktionen wie Karussells und Achterbahnen. Kinder werden hier einen ganzen Tag verbringen wollen – gut, dass mehrere Gastronomiebetriebe für das leibliche Wohl sorgen.

Walygator Parc
voie romaine
Maizières-lès-Metz
Tel. 03 87 30 70 07
www.walygatorparc.com
Erwachsene 25 €, Kinder 3–11 Jahre 20 €; April–Dez., wechselnde Öffnungszeiten, in der Nebensaison 11–18, Juli/Aug. 10.30–18.30 Uhr, an Wochenenden länger.

Ausflug mit der Draisine

Einen nicht alltäglichen Ausflug kann man im lothringischen Magnières mit einer Draisine auf einer 3 bzw. 17 km langen, stillgelegten Eisenbahnstrecke machen. Zum Picknick anhalten kann man, wo man will (Leihgebühr 12 €/Std.).

Velorail du Val de Mortagne
Ancienne Gare de Magnières
Magnières
Tel. 03 83 72 34 73

Die neueste Attraktion im Walygator Parc: die Tausendfüßlerbahn

Unterkunft

Rustikale Ferme-Auberge

An Unterkünften herrscht in der Region kein Mangel – an unterschiedlichen Kategorien ebenfalls nicht. Bei Preisen sollte man berücksichtigen, dass man generell im Winter weniger bezahlt als sonst. Eine Ausnahme bildet die Weihnachtszeit in Städten mit bekannten Weihnachtsmärkten wie Straßburg, Colmar und Kaysersberg. Am teuersten ist es im Hochsommer und in den Weingegenden im Herbst. Bei Online-Buchungen kann man sparen.

Hotels

Am oberen Ende der Preisskala rangieren die meist herrschaftlichen Häuser der Kette **Châteaux & Hôtels** (aus dem Ausland Tel. 0033 1 72 72 92 02, in Frankreich 08 92 23 00 75, www.chateauxhotels.com).

Nicht ganz so fürstlich empfangen zur Accor-Gruppe gehörende **Stadthotels** wie Mercure, Sofitel und Novotel ihre Gäste, wenngleich man mit dem dort gebotenen Standard durchaus zufrieden sein kann. Dieselbe Hotelgruppe betreibt auch **Budgethotels** wie Ibis, Etap und Formule 1, die zu den preiswertesten Unterkünften zählen. Wer nur eine Bleibe zum Duschen und Schlafen sucht, weiß diese »Discounter« zu schätzen (www.accorhotel.com; auf der Internetseite gibt es immer spezielle Angebote). Ähnlich preisgünstig sind Hotels wie Première Classe, Campanile und Kyriad der Louvre-Hotelgruppe, die häufig am Stadtrand bzw. in Gewerbegebieten liegen und sichere Parkplätze bieten (aus dem Ausland Tel. 0033 1 64 62 59 70, in Frankreich Tel. 08 25 02 80 38, www.louvrehotels.com).

Neben den Unterkünften, die Teil großer Hotelketten sind, gibt es v. a. im Elsass viele Drei- oder Vier-Sterne-Häuser in privater Hand, nicht selten gut geführte **Familienbetriebe,** die Gästen seit Generationen Komfort und typisch elsässisches Ambiente bieten.

Gasthöfe

Bei Unterkünften, die unter **Logis de France** zusammengeschlossen sind, handelt es sich meist um familiär ausgestattete, gemütliche Gasthöfe, die einen guten Standard garantieren und häufig reizvoll gelegen sind (Fédération nationale des Logis de France, Tel. 01 45 84 83 84. www.alsacelogis.com; www.logis-de-france.fr/de).

Fermes-Auberges und Ferienhäuser

Fermes-Auberges sind vor allem in den Vogesen gelegene, bewirtschaftete Bergbauernhöfe, die rustikale Gerichte und zum Teil einfache Zimmer zum Übernachten anbieten (www.alsace-info.com).

Bed & Breakfast sowie Ferienhäuser bietet die Organisation **Gîtes de France** (Tel. 01 49 70 75 75, www.gites-de-france.fr).

Jugendherbergen

Eine Liste der Jugendherbergen im Elsass findet man unter www.alsace-info.com. In Lothringen gibt es Herbergen in Metz, Thionville, Phalsbourg, Nancy, Verdun, Ventron und Xonrupt-Longemer (www.fuaj.org).

Campingplätze

Insgesamt stehen im Elsass und in Lothringen über 350 Campingplätze unterschiedlicher Kategorien zur Wahl, manche davon ganzjährig. In jedem Office de Tourisme bekommt man das Vereichniss der Fédération Française de Camping et de Caravaning.

Wer eine natürliche Umgebung und einfache Einrichtungen schätzt und keinen Wert auf Schwimmbecken, Gaststätten und Sportanlagen legt, verzichtet am besten auf 3- oder 4-Sterne-Plätze und versucht, auf einem Bauernhof unterzukommen.

■ **Fédération Française de Camping et de Caravaning**
78, rue de Rivoli][Paris
Tel. 01 42 72 84 08
www.ffcc.fr

Romantische Hotels

■ Das Hotel **Cour du Corbeau** ist in einem der schönsten profanen Renaissancebauten von Straßburg untergebracht und strahlt unnachahmlichen Charme aus › S. 56.

■ Auf sehr sympathische Art verbindet das **Hôtel à la Cour d'Alsace** in Obernai Komfort mit Gemütlichkeit und elsässischer Atmosphäre › S. 76.

■ Romantische Atmosphäre in Verbindung mit Wellness-Einrichtungen wie Fitnesscenter, Hallenbad, Massagen, Whirlpool, Sauna, Hammam und Solarium bietet die **Hostellerie des Châteaux** in Ottrott › S. 76.

■ Die ehemalige Residenz einer wohlhabenden Winzerfamilie in Barr beschert als **Hôtel Le Manoir** Gästen einen fürstlichen Aufenthalt › S. 79.

■ Direkt am Flüsschen Lauch mitten im altehrwürdigen Viertel Klein-Venedig in Colmar lockt das **Hôtel Le Maréchal** mit lauschigem Ambiente › S. 91.

■ Ehemals Teil einer Zisterzienserabtei, verdient die **Abbaye La Pommeraie** in Sélestat heute mit Fug und Recht das Prädikat romantisch › S. 99.

■ In der Nähe des Klosters Murbach liegt das Landhotel **Le Schaeferhof** aus dem 18. Jh., in dem man die Seele baumeln lassen kann › S. 103.

Land & Leute

Steckbrief][Geschichte im Überblick][
Natur und Umwelt][Wirtschaft][Elsässerdeutsch
][Kunst und Kultur][Feste und Veranstaltungen
][Essen und Trinken][Shopping

Elsass Lothringen

Lothringen:
Landeshauptstadt: Metz
Départements: Meurthe-et-Moselle,
Meuse, Moselle, Vosges
Fläche: 23 547 km²
Einwohner: 2,3 Mio.
Bevölkerungsdichte: 97/km²
Ausländer: 6,8 %
Arbeitslose: 9,3 %

Elsass:
Landeshauptstadt: Strasbourg
Départements: Bas-Rhin,
Haut-Rhin
Fläche: 8280 km²
Einwohner: 1,83 Mio.
Bevölkerungsdichte: 221/km²
Ausländer: 7,4 %
(Frankreich: 5,7 %)
Arbeitslose: 8,2 % (Frankreich: 8,7 %)

Lage und Landschaft

Das 8280 km² große Elsass wird im Westen von den Vogesen und im Osten vom Rhein begrenzt. Im Süden schließt es den Sundgau ein, im Nordwesten umfasst es das sogenannte Krumme oder Buckelige Elsass *(Alsace Bossue)*.

Die Regionsgrenze zwischen dem Elsass und Lothringen verläuft in den südlichen Vogesen bis hinauf nach Saverne auf dem Vogesenkamm und schließt weiter nördlich bis an die pfälzische Grenze das niedriger gelegene sogenannte Krumme Elsass ein. Nach Lothringen hin fallen die Hänge sanfter ab als auf der elsässischen Seite.

Lothringen, das flächenmäßig knapp dreimal so groß wie das Elsass ist, besteht östlich von Metz zwischen Mosel und Saar aus dem dünn besiedelten Plateau Lorrain, das in der lothringischen Hauptstadt mit dem befestigten, 350 m hohen Mont Saint-Quentin seine höchste Erhebung ausweist.

Die lang gestreckten Höhenzüge folgen dem Verlauf der beiden wichtigsten Flüsse Meuse (Maas) und Mosel. Dort, wo der Untergrund wasserundurchlässig ist, wechseln ausgedehnte Weiden mit zahllosen Seen ab.

Politik

Das Elsass ist in zwei, Lothringen in vier Départements unterteilt. Den Norden des Elsass bildet das Département *Bas-Rhin* mit Sraßburg als Hauptstadt, den Süden das Département *Haut-Rhin* mit Colmar als Präfektur. Verwaltungszentrum der *Région Alsace* ist Straßburg. Die vier Départements *Moselle* (mit Metz als Hauptstadt), *Meuse* (Bar-le-Duc), *Meurthe-et-Moselle* (Nancy) und *Voges* (Epinal) bilden die *Région Lorraine* mit Metz als Hauptstadt.

Präsident des Regionalrats im Elsass ist seit 2009 André Reichard von der konservativen UDF (*Union pour la Démocratie française*). In Lothringen hat seit 2004 Jean-Pierre Masseret von der linken Partei PS (*Parti socialiste*) dieses Amt besetzt. Neben UDF und PS hat in beiden Regionen seit den 1980er-Jahren die rechtsextreme Partei FN (*Front National*) einen hohen Zulauf.

Wirtschaft

In beiden Regionen ist die Landwirtschaft nach wie vor ein wichtiger Wirtschaftsfaktor, auch wenn sie immer weniger Menschen beschäftigt. Dennoch arbeitet im Elsass noch fast jeder 30. Erwerbstätige in der Landwirtschaft, vor allem im **Weinbau.** Neben Wein baut man fast alle Getreidesorten an sowie Tabak und Hopfen für die Bierproduktion. Der **Hopfenanbau** breitete sich ab 1770 von Haguenau aus und machte das Elsass zum größten Bierproduzenten Frankreichs.

Im 18. Jh. florierte um Mulhouse die Textilindustrie. In Lothringen spielten Eisenerzbergbau, Kohle und die Meltallverarbeitende Industrie eine Rolle. Der Niedergang der alten Industrien und der Abbau von Arbeitsplätzen führte seit 1962 zur Abwanderung der jungen Bevölkerung. Der Tatsache, dass über 42 000 Lothringer in Deutschland, Luxemburg und Belgien arbeiten und täglich 60 000 Elsässer über die schweizerische oder deutsche Grenze zur Arbeit fahren, verdankt die regionale Arbeitslosenstatistik Werte, die nur wenig über dem französischen Durchschnitt liegen. Ins neue Jahrtausend passt die »**Metz-Technopole**« in Lothringen: Über 200 Hightech-Firmen vor allem aus der Telekommunikations- und Informationstechnologie-Branche mit über 3000 Beschäftigten sowie mehrere Lehr-und Forschungseinrichtungen haben hier ihren Standort.

Besonders bedeutend für die Region ist der Tourismus. Das Elsass ist häufig Ziel kürzerer Reisen am Wochenende. In Lothringen verdient der Fremdenverkehr wirtschaftlich nur im Département Vosges größere Beachtung.

Die weltweite Wirtschaftskrise wirkt sich zwar in ganz Frankreich aus, wo 2009 ein Rückgang des Bruttoinlandsprodukts von 3% zu erwarten ist. Besonders stark betroffen sind Lothringen mit 4% und das Elsass mit 4,3%, weil hier die Automobilindusitrie angesiedelt ist, die besonders unter der Flaute zu leiden hat.

Geschichte im Überblick

5. Jh.–1. Jh. v. Chr. Im Elsass siedeln die keltischen Sequaner, in Lothringen die Mediomatriker und Leuker.
58 v. Chr. Cäsar schlägt die im Elsass eingefallenen germanischen Sueben bei Mulhouse.
5. Jh. Das Römische Reich geht in den Wirren der Völkerwanderungszeit unter.
496 Der Franke Chlodwig besiegt die Alemannen und schließt das Elsass und Lothringen seinem Reich an.
843 Teilung des Karolingerreichs im Vertrag von Verdun: Karl der Kahle erhält den Westteil, Ludwig der Deutsche den Ostteil, Lothar verbleibt neben der Kaiserwürde das Mittelreich, ein schmaler Streifen, der von Friesland bis zum Mittelmeer reicht.

870 Das ehemalige Reich Lothars wird aufgeteilt, Elsass und Lothringen fallen an das Heilige Römische Reich Dt. Nation.
1354 Zehn Reichsstädte schließen sich zur Verteidigung ihrer Rechte und Freiheiten zu einem Städtebund zusammen.
1429 Jeanne d'Arc schlägt die Engländer bei Orléans und bewegt den Dauphin, sich in der Kathedrale von Reims als Charles VII krönen zu lassen. 1431 wird die »Jungfrau von Orléans« in Rouen verbrannt.
1475 Herzog Karl der Kühne von Burgund erobert Lothringen.
16. Jh. Straßburg ist Zentrum der Reformation in Südwestdeutschland.
1635–1637 Eine verheerende Pestepidemie wütet in Lothrin-

Der Europäische Gerichtshof für Menschenrechte in Straßburg

gen. Auch das Elsass leidet schwer unter dem Dreißigjährigen Krieg.

1648 Im Westfälischen Frieden erhält Frankreich die Vogtei über die elsässischen Reichsstädte und die einstigen habsburgischen Besitzungen im Oberelsass.

1697 Im Frieden von Rijswijk wird der Rhein die Grenze zwischen Frankreich und dem Heiligen Römischen Reich Dt. Nation.

1738 Der entthronte Polenkönig Stanislas Leszczynski wird Herzog von Lothringen, das nach seinem Tod 1766 an Frankreich fällt.

1870–1871 Nach dem Deutsch-Französischen Krieg wird das »Reichsland Elsass-Lothringen« direkt dem Kaiser unterstellt.

1873 Abzug der Deutschen aus dem französ. Teil Lothringens.

Ab 1895 Aufschwung von Bergbau und Stahlindustrie in Lothringen, erste Einwanderung.

1914–1918 Lothringen ist einer der Hauptkriegsschauplätze, allein der Stellungskrieg um Verdun fordert rund 600 000 Tote.

1919 Im Versailler Vertrag fällt Elsass-Lothringen an Frankreich zurück.

1940–1944 Deutsche Besetzung des Elsass und des Département Moselle. In den Vogesen errichten die Nationalsozialisten das Vernichtungslager Natzwiller-Struthof.

1949 Gründung des Europarats mit Sitz in Straßburg.

1999 Es findet die erste Sitzung des Europäischen Parlaments am 20. Juli 1999 im neu errichteten Straßburger Parlamentsgebäude statt.

2004 In Lothringen schließt Frankreichs letztes Kohlebergwerk.

2007 Der konservative Nicolas Sarkozy siegt gegen die PS-Kandidatin Segolène Royal und wird Frankreichs neuer Staatspräsident.

2009 Im April legen die Sicherheitsmaßnahmen beim NATO-Doppelgipfel in Straßburg das öffentliche Leben größtenteils lahm.

Natur und Umwelt

Die abwechslungsreiche, sanfte Landschaft dürfte einer der wichtigsten Gründe für eine Reise in beide Regionen sein, wobei die industrielle Bedeutung des Elsass gewöhnlich unterschätzt, das waldreiche Lothringen hingegen allzu rasch auf das Klischee der Schlachtfelder und dampfenden Schlote reduziert wird.

In den beiden Regionen sind drei Regionalparks ausgewiesen: der **Parc Naturel Régional des Vosges du Nord** zwischen Pfälzer Wald und Zaberner Steige, der **Parc Naturel Régional des Ballons des Vosges** in den Südvogesen und der **Parc Naturel Régional de Lorraine.** Dabei werden allerdings nicht nur Naturschutzzwecke verfolgt, sondern auch eine angepasste Wirtschaftsentwicklung gefördert. Wer annimmt, es handle sich bei den Gebieten um unberührte Natur, der irrt sich. Der größte Teil des Waldes ist Nutzwald, und naturbelassene Gewässer gibt es so gut wie keine mehr. Früher trieben die Bäche die Mühlen der Handwerksbetriebe und Manufakturen an, heute dienen selbst so idyllische Seen wie der Lac Noir der Elektrizitätsgewinnung.

Schwerwiegender ist das Problem des Waldsterbens, denn der saure Regen macht nicht vor der Grenze eines Regionalparks Halt. Noch sind die Vogesen nicht im gleichen Ausmaß betroffen wie der benachbarte Schwarzwald, doch ist der Wald auch hier erheblich geschädigt.

Die Menschen

Bevölkerung

Auch hier unterscheiden sich das Elsass und Lothringen gründlich voneinander: Das kleine Elsass ist doppelt so dicht besiedelt wie Lothringen und verzeichnet eine steigende Tendenz, während Lothringen sich allmählich vom bis in die 1990er-Jahre anhaltenden Bevölkerungsschwund erholt. Trotz der Grenzlage der Region und der europäischen Organisationen im Elsass liegt der Ausländeranteil in beiden Regionen nicht wesentlich über dem französischen Landesdurchschnitt.

Religion

Wie in ganz Frankreich ist die Bevölkerungsmehrheit im Elsass und in Lothringen katholisch, doch ist der Anteil der Protestanten, bedingt durch die besondere Geschichte der Region, relativ hoch. Im Elsass liegt er bei ca. einem Fünftel der Bevölkerung. Vor allem im nördlichen Teil existieren noch Ortschaften mit protestantischer Mehrheit. Eine jüdische Gemeinde gibt es heute wieder in Straßburg.

Ebenfalls historisch begründet ist die rechtliche Sonderstellung der Kirche im Elsass und im Département Moselle. Diese Gebiete waren zur Zeit der Trennung von Kirche und Staat in Frankreich von den Deutschen besetzt. Nicht ohne Auseinandersetzungen konnten sie hier ihre Sonderstellung bewahren, die sich etwa im schulischen Religionsunterricht ausdrückt, den es im restlichen Frankreich nicht gibt.

Gemäß dem »Simultaneum«, einem Gesetz, das auf das 17. Jh. zurückgeht und den Protestanten vorschrieb, den Chor ihrer Kirche mit den Katholiken zu teilen, falls sieben Familien dieser Konfession in der Gemeinde lebten, werden heute noch zahlreiche Kirchen von beiden Gemeinden gemeinsam genutzt.

In Restaurants wird Französisch, Deutsch und Elsässerdeutsch gesprochen

Elsässerdeutsch

Ein Gutteil der Originalität des Elsass geht auf seine Sprache zurück – oder besser auf seine Sprachen. Auch Lothringen wird von der großen germanisch-romanischen Sprachgrenze berührt, die durch Belgien, Nordostfrankreich und die Schweiz verläuft. Allerdings gehört nur ein kleiner Teil der Region zum germanischen Sprachgebiet.

Französisch lernte der Großteil der Elsässer erst im 19. Jh. Doch wurden die verstärkten Bemühungen der Pariser Regierung zur Durchsetzung der Landessprache, die ungefähr 1860 einsetzten, durch den Anschluss an Deutschland wieder zunichte gemacht. Der Sprachgebrauch hatte nun den politischen Gegebenheiten zu folgen; praktisch jede Generation wuchs mit einer anderen Landessprache auf. Heute ist Französisch nicht nur offizielle Verwaltungs- und Schul-, sondern auch Umgangssprache. Wer der Landessprache mächtig ist, sollte sie als Tourist benutzen. Merken Elsässer, dass man sich bemüht, Französisch zu sprechen, danken sie es häufig in deutscher Sprache. Chancen, in Lothringen auf Deutsch verstanden zu werden, bestehen nur im Osten.

Zusammen mit Schwäbisch, Badisch und Schweizerdeutsch gehört Elsässisch zu den alemannischen Dialekten. Die regionalen Unterschiede sind groß: Der Dialekt des Sundgaus steht dem Südbadischen und Schweizerdeutschen näher als dem Elsässischen, wie es nördlich von Colmar gesprochen wird. Die Sprache des Krummen Elsass ist eng mit der des angrenzenden Pays de Bitche verwandt, die Gegend um Wissembourg weist ebenfalls viele Eigenarten auf.

Wie überall sprechen auch im Elsass immer weniger Menschen Dialekt, doch noch ist Elsässisch nicht völlig in Vergessenheit geraten.

Französisch ist natürlich die Amtssprache, aber sowohl in Dörfern als auch unter Kollegen und in manchen Familien wird durchaus noch Dialekt gesprochen. Mehr und mehr werden dabei französische Wörter oder Satzteile integriert, was zu einer kuriosen Mischung führt und das Verständnis beider Sprachen zur Voraussetzung für den »modernen« Dialekt macht. Häufig kann man sogar den raschen Wechsel von der einen zur anderen Sprache je nach Thema beobachten.

Kunst und Kultur

Architektur

Sowohl das Elsass als auch Lothringen waren in prähistorischer Zeit besiedelt, was unter anderem zahlreiche in den Tälern von Maas, Saar und Mosel gemachte Funde bezeugen. Straßburg, Metz, Toul und Verdun wurden von den Römern zu bedeutenden Städten ausgebaut. Metz war der wichtigste Verkehrsknotenpunkt in Ostfrankreich. Die Blüte der Stadt unter den Merowingern und Karolingern wäre ohne ihre Bedeutung unter den Römern nicht denkbar gewesen.

Die Epochen der **Romanik** und der **Gotik** haben in der Region eine ganze Reihe überragender Bauzeugnisse hinterlassen. Unter den großen Klöstern Lothringens ragt Gorze bei Metz heraus, eine in karolingischer Zeit gegründete Abtei, deren geistlicher Reform sich im 10. und 11. Jh. mehr als 160 Klöster anschlossen. Die ehemalige Stiftskirche in Ottmarsheim, die um 1040 nach dem Vorbild der Pfalzkapelle Karls des Großen in Aachen begonnen wurde, sei stellvertretend für eine Gruppe von Zentralbauten im Elsass genannt.

Die übrigen romanischen Kirchen sind überwiegend dreischiffige Basiliken mit Westbauten, einem Querhaus und Kapellen im Osten. Die bedeutendsten romanischen Kirchen stehen in Rosheim, Sélestat, Marmoutier, Andlau und in Mont-devant-Sassey im Maastal. Die Abteikirche Murbach ist selbst als Torso noch beeindruckend.

In der Stauferzeit erfuhr das Elsass die besondere Förderung des Herrscherhauses. Noch als Kaiser betrachteten die Staufer das Elsass als Teil ihres Stammlandes, was sich in einer wirkungsvollen Stadtgründungspolitik und der Errichtung von zahlreichen Burgen niederschlug. Das größte Bauprojekt Kaiser Friedrich Barbarossas war die Pfalz in Haguenau, die völlig zerstört wurde. Erhalten blieben einige Burgen auf den Vogesenvorbergen, darunter die hoch gelegene Feste Fleckenstein.

Ab dem 13. Jh. änderte sich die Architektur unter dem Einfluss Frankreichs grundlegend und die **Gotik** hielt Einzug. Selbst für das Straßburger Münster wurden neue Pläne gemacht. Schwere Mauermas-

In der romanischen Abteikirche in Ottmarsheim

sen wurden geöffnet und romanische Festungen in himmelstrebende, von Licht durchflutete Räume verwandelt. Auch in Thann und Colmar, Metz und Toul entstanden bedeutende gotische Kirchen.

In der Zeit der **Renaissance** entstanden statt großer Kirchen Profanbauten wie Rathäuser mit Treppengiebeln, Erkern, Freitreppen und antikisierendem Baudekor. Auch die ältesten erhaltenen Fachwerkhäuser und die für viele elsässische Städtchen charakteristischen Brunnen mit aufwändiger architektonischer Fassung, wie z.B. die »Sechseimerbrunnen«, gehen auf das 16. Jh. zurück.

Noch heute begeistert die städtebauliche Umgestaltung, die der polnische Exkönig Stanislas Leszczynski seiner Residenzstadt Nancy im **Barock** angedeihen ließ. Der Anschluss des Elsass an Frankreich im Friedensvertrag von 1648 bescherte den neuen Landsleuten gewaltige Militärbauten, entworfen von dem auf seinem Gebiet führenden Festungsbaumeister des Sonnenkönigs, Sébastien le Prestre, dem späteren Marquis de Vauban. Ausgesprochene Barockbauten sind im Elsass selten, von Bedeutung ist jedoch die Abteikirche in Ebersmunster, ein Werk des Vorarlbergers Peter Thumb. Viel strenger geriet die an Paris orientierte Architektur, wie beispielsweise die beiden Rohan-Schlösser in Straßburg und Saverne sowie das Theater von Straßburg und die Kirche Notre-Dame in Guebwiller.

In der **Gegenwart** setzen Neubauten in Straßburg wie der Europäische Gerichtshof (1995), das Musée d'Art Moderne (1998) und das Parlamentsgebäude IPE IV (1999) mit ihrer Architektur starke Akzente. 2010 soll in Metz die von einer Zeltdachkonstruktion überspannte Dependance des Pariser Centre Pompidou eröffnet werden.

Bildhauerei und Malerei

Eine wichtige Rolle spielte Straßburg auf dem Gebiet der Bildhauerei. Zu den berühmtesten Werken zählen die Ausschmückungen am Südportal des Münsters und der Engelspfeiler im südlichen Querhaus. Sie werden einem namentlich nicht bekannten Künstler zugeschrieben, der wegen seiner einzigartigen Darstellung der Ecclesia-Statue der »Ecclesia-Meister« genannt wird.

Die Malerei bekam starke Impulse durch den in Colmar lebenden Martin Schongauer, dessen »Madonna im Rosenhag« in der Dominikanerkirche seiner Heimatstadt hängt. Der Dürer-Schüler Hans Baldung Grien wurde nahe Straßburg geboren. Zugewandert war Matthias Grünewald, in dessen »Isenheimer Altar« sich bereits die Renaissance ankündigt. Er ist im Musée d'Unterlinden in Colmar ausgestellt.

Zu den großen Künstlern Lothringens zählt der Anfang des 16. Jhs. in St-Mihiel geborene Ligier Richier. Der Bildhauer beschäftigte sich in seinen Werken mit religiösen Themen und stellte seine Figuren in ergreifend realistischer Weise dar.

Dass sowohl das Elsass als auch Lothringen schwer unter dem Dreißigjährigen Krieg zu leiden hatten, geht aus den Werken des aus Nancy stammenden Grafikers Jacques Callot hervor, der die Schrecken des Krieges in seinen Stichen festhielt. Claude Gellée, der als Maler unter dem Namen Claude Lorrain berühmt wurde, war sein Zeitgenosse.

Bedeutung erlangte um 1900 eine Künstlergruppe um Emile Gallé, die als Schule von Nancy einen eigenständigen Beitrag zum Jugendstil leistete. Ein weiterer nennenswerter Künstler ist der Straßburger Maler und Zeichner Gustave Doré (1832–1883), der durch seine Illustrationen bekannt wurde. Der Bildhauer Frédéric-Auguste Bartholdi aus Colmar (1834–1904) schuf zahlreiche Brunnen in seiner Vaterstadt, aber auch die Freiheitsstatue von New York. Dem Dadaismus, später dem Surrealismus, gehörte der Maler und Bildhauer Hans Arp (1887–1966) an.

Als bissig-ironischer Zeichner, Karikaturist und Autor machte sich Tomi Ungerer (geb. 1931 in Straßburg) einen Namen. Die archaisch anmutenden Radierungen des Straßburgers Raymond Waydelich (geb. 1938) sind international in vielen Postershops vertreten.

Literatur

In der beginnenden Neuzeit entwickelte sich das Elsass zu einem Zentrum des Humanismus. In Sélestat (Schlettstadt) wurde 1452 eine noch heute bestehende Bibliothek gegründet. Hier hat außerdem 1491 der bedeutende Theologe und Reformer des Elsass Martin Butzer das Licht der Welt erblickt. In Straßburg lebten der Kanzelprediger Geiler von Kaysersberg, Sebastian Brant (»Das Narrenschiff«) und der Franziskaner Thomas Murner (»Vom großen lutherischen Narren«). Ab 1434 lebte der Erfinder des Buchdrucks, Johannes Gutenberg, für einige Jahre in Straßburg. Wenig später entstanden bedeutende Druckhäuser. Die Reformation hielt Einzug in den elsässischen Städten; in Lothringen wandten sich vor allem die drei Bischofsstädte Metz, Toul und Verdun dem neuen Glauben zu.

Schriftsteller der jüngeren Vergangenheit beziehungsweise der Gegenwart wie René Schickele (1883–1940), André Weckmann (geb. 1924) und Hans Arp (1886–1966) haben die elsässische Geschichte und den elsässischen Dialekt bzw. sein sich abzeichnendes Verschwinden thematisiert.

Feste und Veranstaltungen

Die Beibehaltung alter Sitten und Bräuche schlägt sich in der Region in zahlreichen Festen nieder. Größtes und ältestes Fest im Elsass ist der am ersten Septemberwochenende stattfindende **Pfifferdaj** in Ribeauvillé ❯ S. 96. Das seit über 600 Jahren begangene Mittelalterfest knüpft an die frühere Tradition der Gaukler, Pfeifer und Spieler an, vor Ort jedes Jahr ausgelassen ihre Zunft zu feiern. Berühmt ist das Elsass auch zur Weihnachtszeit wegen der romantischen **Weihnachtsmärkte** in zahlreichen Städten.

Auf dem Straßburger Weihnachtsmarkt gibt es viel zu bestaunen

Festkalender

Januar/Februar: Hauptsächlich mit dem Fantasy-Genre setzt sich das **Festival Fantastic'Arts** in Gérardmer auseinander. Ebenfalls im Winter beginnt in Sarreguemines traditionell der **Karneval,** der bis April auch in zahlreichen elsässischen Städten mit Straßenparaden gefeiert wird.

April: Beim **Narzissenfest** in Gérardmer dominiert die Farbe Gelb, weil um den Vogesenort um diese Jahreszeit die Narzissen blühen (www.societe-des-fetes-gerardmer.org). Im lothringischen Commercy geht es beim **Jazzfestival** um heiße Rhythmen, während die **Europäische Messe für zeitgenössische Kunst** in Metz Kunstfreunde anlockt.

Mai: Unter den zahlreichen, dem Wein gewidmeten Veranstaltungen im Elsass ist die **Foire aux Vins** in Molsheim eine der ersten im Jahr.

Juni: Dieser Monat steht im Zeichen der **Musikfestivals** in Straßburg und Metz, dem **Kirschenfest** in Westhoffen und dem **Rosenfest** in Saverne.

Juli: Seit über 30 Jahren lockt das **Internationale Musikfest** Freunde der klassischen Musik nach Colmar. Vergnüglich geht es bei **Weinmarkt und -fest** in Barr und Ribeauvillé zu.

Die Festlichkeiten zum überall begangenen Nationalfeiertag am 14. Juli werden in Straßburg von einem spektakulären Feuerwerk begleitet.

August: Auf der **Weinmesse in Colmar** sind Jahr für Jahr ca. 80 elsässische Winzerbetriebe vertreten, die ihre Erzeugnisse unter einem gemeinsamen Gütesiegel vermarkten. Dahlien spielen beim großen **Blumenkorso** in

Trachten, Feste, Traditionen

Traditionspflege hat im Elsass einen höheren Stellenwert als in anderen Gegenden, da das typisch Elsässische oft genug als »welscher Plunder« oder »teutonische Barbarei« verteufelt wurde. Dennoch leben auch die Elsässer in einer Industriegesellschaft, mit der sich Traditionen einer religiös geprägten Agrargesellschaft nur schlecht vertragen.

Großer Beliebtheit erfreuen sich die Johannisfeuer zur Sommersonnenwende im Juni, wo im Elsass und im Moseltal große Holzstöße verbrannt werden. Außerdem werden Weinfeste gefeiert und die Ehrentage der Lokalheiligen begangen. Bei derartigen Volksfesten und an Feiertagen tragen Elsässer und Elsässerinnen stolz Trachten, die sich fast schon von Dorf zu Dorf unterscheiden. Größte Bekanntheit erlangte die »Schlupfkapp«, die Kopfbedeckung der Frauen mit einer überdimensionierten Schleife. In protestantischen Gegenden ist sie gewöhnlich schwarz, in katholischen rot oder bunt. In Zeiten erzwungener Germanisierung steckten sich die Elsässerinnen Kokarden an die Hauben, was sie sich allerdings fast nur im Exil erlauben konnten.

Am Pfifferdaj kehrt in Ribeauvillé das Mittelalter zurück

Sélestat eine Hauptrolle. Das traditionelle Volksfest **Hochzeit des Amis Fritz** geht in Marlenheim über die Bühne, während Nancy und Metz dem bekannten lothringischen Steinobst das **Mirabellenfest** widmen.

September: Außer dem **Pfifferdaj** in Ribeauvillé ❯ S. 37 findet in der Sauerkrauthochburg Meistratzheim das **Sauerkrautfest** statt. Viele Besucher zieht es zum **Musica-Festival** zeitgenössischer Musik (www.festivalmusica.org) und zur Verbrauchermesse **Foire européenne** (www.foireurop.com) nach Straßburg, während Oldtimerfans nach Molsheim zum **Festival Bugatti** pilgern.

Die **Internationale Messe** in Metz (www.metz-expo.com) ist jedes Jahr 800 000 Besuchern eine Reise wert; hier präsentieren sich jeweils ein ausgewähltes Schwerpunktland und rund 30 weitere Länder.

Oktober: Zu einem Klassiker der Musikszene hat sich das **Jazzfestival** in Nancy entwickelt (www.nancyjazzpulsations.com). Wer eher Lust auf Bacchantisches hat, ist bei zahlreichen **Weinlesefesten** im Elsass gut aufgehoben.

November: Die internationale Messe für zeitgenössische Kunst **St'Art** in Straßburg zeigt vor allem zeitgenössische Kunst wie Plastiken, Malereien, Installationen und Glasobjekte.

Dezember: Außer der **Wallfahrt** auf den Mont Sainte-Odile ❯ S. 77 (13.12.) finden in vielen elsässischen und lothringischen Städten **Weihnachtsmärkte** statt, die sich zum Publikumsrenner entwickelt haben.

Im Land der guten Tropfen

Der vor Westwinden geschützte Osthang der Vogesen eignet sich hervorragend zum Weinbau, der im Elsass seit der Römerzeit floriert. Als Vertriebsweg diente der Rhein – Elsässerwein wurde schon im Mittelalter in England und Skandinavien getrunken. Nach dem Ersten Weltkrieg begann die Erzeugung von Qualitätswein. Kulturen in der Ebene wurden aufgegeben, um edlere Gewächse an den Hängen anzubauen, wo die Bodenbeschaffenheit deutliche Unterschiede aufweist. Bioweine werden heute in fast allen Weinappellationen produziert.

Route des Vins

Die schönsten Stationen auf der ca. 150 km langen Weinstraße mit ihren Fachwerkdörfern, Weinkellern und Weinstuben sind das malerische **Obernai** > S. 76, das sich mit seinen Hotels und Restaurants auch als Übernachtungsort anbietet, die Touristenzentren **Ribeauvillé** > S. 96, **Riquewihr** > S. 95 und **Kaysersberg** S. 95, das idyllische **Eguisheim** > S. 92 und **Thann** > S. 102. In fast jedem Weindorf gibt es alte und neue Keller zu besichtigen und die besten Tropfen unter fachkundiger Anleitung zu kosten. Sie reifen häufig in seit Generationen benutzten Eichenfässern in uralten Kellergewölben. Die Tour »Bilderbuchbummel auf der elsässischen Weinstraße« (> S. 11) stellt die Strecke von Marlenheim im Norden bis Thann im Süden vor, aber die Weinstraße lässt sich natürlich auch von Süd nach Nord entdecken.

■ **Conseil Interprofessionnel des Vins d'Alsace (CIVA)**
12, av. de la Foire aux vins
Colmar][**Tel. 03 89 20 16 20**
www.vinsalsace.com
Informiert über alle Fragen zum Thema Wein.

■ **Dopff & Irion**
Cour du Château][**Riquewihr**
Tel. 03 89 47 92 51
www.dopff-irion.com
Gemütliche Probierstube im Schlosskeller. Einige der alten Fässer datieren von 1549 (im Sommer tgl. 10–19, im Winter 10–12 und 14–18 Uhr).

■ **Domaine Ruhlmann**
34, rue Maréchal-Foch
Dambach-la-Ville
Tel. 03 88 92 41 86
www.ruhlmann-schutz.fr
Hier werden zwischen über 200 Jahre alten Eichenfässern exzellente Tropfen kredenzt (tgl. 10–12 und 14–18 Uhr).

■ **Domaine Seilly**
18, rue Général Gouraud
Obernai][**Tel. 03 88 95 55 80**
www.seilly.com
Die Weinproben finden in einem stimmungsvollen Gewölbekeller statt (Mo–Fr 8–12 und 13.30–18, Sa 9–12 Uhr).

Organisierte Weintouren

Ganztägige Touren nach Riquewihr, Haute-Koenigsbourg und Kaysersberg inklusive Weinprobe im Weinkeller der Domaine Dopff & Irion im Schloss von Riquewihr veranstaltet im Kleinbus die Firma Regioscope.
Regioscope
18, rue de Bantzenheim
Mulhouse
Tel. 06 88 21 27 15
www.regioscope.com
Ab Colmar, Mulhouse und Basel.

Wein in Lothringen

Die drei Hauptanbaugebiete Côtes de Toul, Vins de Moselle und Vin de Pays de la Meuse kann man auf drei Streckenabschnitten kennenlernen. Die Tour durch das Gebiet der Meuse-Weine beginnt im kleinen Winzerort Combres-sous-les-Côtes und führt über Hattonchâtel, Commercy und Void bis nach Vacon. Weinhochburgen an der Côtes de Toul westlich von Toul sind Orte wie Lucey, Brûley, Mont-le-Vignoble, Blénod-les-Toul und Bulligny. Großer Beliebtheit unter den Weinen aus Lothringen erfreut sich vor allem der »Vin gris« von den Côtes de Toul, ein fruchtiger, heller Rosé. Ebenfalls geschätzt werden die belebenden Schaumweine, die die Winzer an der lothringischen Weinstraße keltern.

■ **Thierry Bouchot**
113, Grand' Rue][**Lucey**
Tel. 03 83 63 87 80
www.pages-vins.fr/LIENS/Vignerons-Vins-Lorraine-Moselle-Toul.htm
Auf Vin Gris Auxerrois und Pinot Noir spezialisierte Traditionskellerei (tgl. 13.30–18 Uhr).

■ **Domaine de Muzy**
3, rue de Muzy
Combres-sous-les-Côtes
Fresnes-en-Woëvre
Tel. 03 29 87 37 81
www.domainedemuzy.fr
Verkostung von Côtes-de-Meuse-Weinen und Schnäpsen (tgl. außer So nach Vereinb. 9–12 und 13.30–19 Uhr).

Essen und Trinken

Schon seit Jahrzehnten ist es bei Deutschen und Schweizern üblich, zum Essen ins Elsass zu fahren – nicht allein wegen der zahlreichen Sterne-Küchen (www.etoiles-alsace.com).

Regionalküche

Die traditionelle Regionalküche, hergestellt aus den einheimischen Produkten, erweist sich als deftig und nahrhaft. Diese Art zu kochen findet man am ehesten noch in den Fermes-Auberges ❯ S. 25 in den Vogesen. Hier serviert man vor allem die deftige Melkermahlzeit, 4-5 Gänge mit Suppe, Fleischpastete und Bratkartoffeln, Munsterkäste und Süßkäse oder Heidelbeerkuchen.

Viele Restaurants haben sich jedoch mittlerweile auf kalorienreduzierte Gerichte eingestellt. Ein kritischer Blick auf Preise und Qualität ist in den vom Tourismus verwöhnten Orten durchaus geboten. Nicht jedes Lokal, das mit Gourmetküche wirbt, kann das Versprochene auch zu akzeptablen Preisen bieten.

Wein und Obstbrände

Im Gegensatz zu den Produkten anderer französischer Weinbaugebiete wird der elsässische Wein nach der Rebsorte benannt. *Riesling* und *Gewürztraminer, Pinot gris d'Alsace* und *Muscat d'Alsace* gelten als Edelsorten; *Pinot noir, Sylvaner* und *Chasselas* sind preiswerter. Bis auf den hellen Rotwein aus der *Pinot-noir-Rebe* sind alle elsässischen Weine weiß, mit wenigen Ausnahmen trocken, recht alkoholreich und nicht ganz billig.

Echt gut!

Berühmte Gourmettempel

■ Von Europapolitikern nicht nur wegen der Nähe zum Europaviertel in Straßburg gelobt, ist Eric Westermann im Spitzenrestaurant **Le Buerehiesel** in die Fußstapfen seines berühmten Vaters Antoine getreten ❯ S. 57.

■ Im ländlichen Lembach begeistern in der **Auberge du Cheval Blanc** die Starköche Fernand Mischler und sein Nachfolger Pascal Bastian selbst die verwöhntesten Gaumen ❯ S. 66.

■ Das seit 2009 mit einem Michelinstern dekorierte **Restaurant Le Strasbourg** in Bitche bietet französische Küche auf hohem Niveau ❯ S. 68.

■ Küchenchef Olivier Nasti und sein Bruder Emmanuel haben die **Winstub du Chambard** in Kaysersberg in den Sternehimmel erhoben ❯ S. 95.

■ In der Nachbarschaft von Riquewihr serviert Sternekoch Jean-Michel Eblin im **Restaurant Maximilien** verführerische Kreationen ❯ S. 96.

■ Paul Haeberlin hat die heute von seinem Sohn Marc geführte **Auberge de l'Ill** in der Ortschaft Illhaeusern zum wohl bekanntesten elsässischen Gourmetlokal gemacht ❯ S. 97.

Der Elsässer wird jung getrunken. Ein Verschnitt von unterschiedlicher Qualität ist der Edelzwicker. Der Crémant d'Alsace ist ein dem Champagner ähnlicher Schaumwein, der in der Flasche gärt › S. 40.

So berühmt wie die Weine des Elsass sind die Obstbrände: *Eau-de-vie de framboise* (Himbeerschnaps), Zwetschgen- oder Mirabellenbrand, der Tresterbrand *Marc de Gewürztraminer* und ein seltener und teurer Stechpalmenbrand *(Eau-de-vie de Baies-de-Houx).*

Shopping

Was könnte man aus dem Elsass besser mitbringen als Wein, Eau-de-vie und den kräftig riechenden Munsterkäse? Preiswert kauft man beim Winzer, der oft auch Schnaps brennt, bzw. direkt beim Bauern.

Aus den Töpferdörfern Soufflenheim › S. 64 östlich von Haguenau kommen die traditionelle blaugraue Steingutware und die einfarbig grundierte elsässische Keramik.

Auch in Lothringen werden hochprozentige Obstwässer gebrannt, ansonsten bieten sich die berühmten Süßigkeiten › s. u. an, die überall zu kaufen sind. Selbst bessere Supermärkte führen oft eine Abteilung mit regionalen Spezialitäten.

Die bekanntesten Spezialitäten

■ **Choucroute garnie à l'alsacienne** ist ein in Wein gekochtes Sauerkraut, serviert mit Eisbein, Würstchen, Speck und Kartoffeln.

■ **Tarte flambée** (Flammkuchen) besteht traditionell aus einem dünnen, mit einer Zwiebel-Rahm-Mixtur belegten Brotteig. Allerdings können heute viele andere Zutaten hinzukommen.

■ Der turbanförmige Napfkuchen **Kougelhopf** aus Hefeteig mit Rosinen und Mandeln schmeckt zum Frühstück ebenso wie zu einem trockenen Riesling.

■ Der **Baeckeoffe** aus mehreren Fleischsorten, Zwiebeln und Wein taucht auf Speisekarten immer seltener auf, weil er kalorienreich und erst nach Stunden fertig ist.

■ Aus Bar-le-Duc stammt das Johannisbeergelée **Confitures de Groseilles**, das sich schon Maria Stuart, Victor Hugo und Alfred Hitchcock schmecken ließen.

■ **Bergamotte-Bonbons** und **Makronen** sind Spezialitäten der Stadt Nancy.

■ **Quiche lorraine**, ein Mürbeteigkuchen mit Speck und Zwiebeln, ist in ganz Frankreich als Vorspeise beliebt.

■ Die zarten **Madeleines** aus Commercy, ein muschelförmiges Sandgebäck, fanden sogar literarische Würdigung durch Marcel Proust.

Unterwegs im Elsass und in Lothringen

Entdecken Sie die einzelnen Reiseregionen –
jeweils mit den schönsten Touren, allem
Sehens- und Erlebenswerten, Hotel-, Restaurant-,
Nightlife- und Shoppingtipps

Straßburg

Nicht verpassen!

- Den grandiosen Blick von der Plattform des Straßburger Münsterturms
- Die unnachahmliche Atmosphäre auf der Place de la Cathédrale
- Ein Bummel durch das romantische Viertel La Petite France mit seinen krummen Gassen und Kanälen

Zur Orientierung

Für die meisten Besucher ist die Stadt der Höhepunkt jeder Elsass-Reise, weil ihre über 2000-jährige, wechselhafte Geschichte auf jedem Platz und in jeder Gasse spür- und sichtbar wird. Das von den Armen der Ill eingerahmte Herz der Metropole ist das Zentrum des elsässischen Fremdenverkehrs, doch trotz eines Riesenangebots an Restaurants, Cafés, Hotels, Delikatessengeschäften, Modeboutiquen, Ausflugsschiffen und Bimmelbahnen entsteht nicht der Eindruck, der historische Altstadtkern sei zum touristischen Rummelplatz verkommen. Dafür sorgen die wundervollen Bauzeugnisse längst vergangener Epochen wie das ergreifende Münster, Kirchen, Brücken und Stadtpaläste, das ehemalige Gerberviertel La Petite France mit Kopfsteingassen und altersschiefen Fachwerkhäusern, reizende Plätze mit Denkmälern und schattige Promenaden entlang der Ill.

Große Teile des Zentrums wurden schon vor Jahren in Fußgängerzonen umfunktioniert, die man nicht nur zu Fuß, sondern auch per Rad bequem erkunden kann, zumal der Stadtkern sehr überschaubar ist. Der kulturelle Reichtum der Elsass-Metropole drückt sich auch in vielen sehenswerten Museen sowie in Dutzenden von großen Festivals und Veranstaltungen aus, bei denen deutlich wird, dass das uralte Straßburg zwar eine bejahrte Dame ist, aber nichts von ihrer jugendlichen Dynamik eingebüßt hat. Dafür sorgen schon allein die ca. 50 000 Studenten, die fast ein Fünftel der Stadtbevölkerung ausmachen.

Verkehrsmittel

Der **Flughafen Straßburg-Entzheim** (www.strasbourg.aeroport.fr) liegt ca. 10 km südwestlich vom Stadtzentrum. Der Pendelzug zum Bahnhof verkehrt vier mal stündlich. Die Fahrt dauert 9 Min. Eine Taxifahrt ins Stadtzentrum dauert 20 Min und kostet ca. 30 Euro.

Der Hochgeschwindigkeitszug TGV fährt von Stuttgart, München, Basel und Zürich in die elsässische Metropole. Am **Bahnhof** gibt es einen Taxistand. Die Haltestelle der Tram liegt unter dem Bahnhofsvorplatz.

Das **Straßenbahn- und Radwegenetz** der Stadt ist bestens ausgebaut. Die Tram verkehrt tgl. von 4.30-0.30 Uhr, zur Hauptverkehrszeit sogar alle 4 Min. Strecken- und Fahrpläne hängen an den Haltestellen aus. Der nützliche Plan bus-tram ist in den CTS-Büros (www.cts-strasbourg.fr) und am Bahnhof erhältlich. Einen Plan für die Radwege gibt es beim Office de Tourisme ❯ S. 56 und in den Buchläden.

Unterwegs in ***Straßburg

Prunkvolle Schatztruhe Straßburg

— ❺ — Münster › Maison Kammerzell › Musée de l'Œuvre Notre-Dame › Palais Rohan › Musée Historique › Ancienne Douane › Cour du Corbeau › Musée Alsacien › St-Thomas › La Petite France › Musée d'Art Moderne et Contemporain › Place Kléber › Place Broglie › Place de la République

Dauer: ca. 1 Tag
Praktische Hinweise:
Die Tour lässt sich gut zu Fuß bewältigen. Man kann auch 50-minütige kommentierte Rundfahrten durch das historische Zentrum mit der Minitram unternehmen (Abfahrt von der Place du Château neben dem Münster).

1 ***Münster ❶

Ein gallorömisches Heiligtum und mehrere christliche Kirchen, darunter der 1015 unter Bischof Werinher begonnene Bau, gingen der heutigen Kathedrale, dem Liebfrauenmünster, voraus (tgl. 7–11.30 und 12.40–19 Uhr). Nach mehreren Bränden entschloss man sich 1176 zum weitgehenden Neubau der Kirche.

Zwischen 1220 und 1230 wurden im gotischen Baustil die Querhausarme durch Hinzufügung von Pfeilern, darunter der berühmte Engelspfeiler, in je vier Joche unterteilt. Während das südliche Querhaus noch ein Übergangsstil charakterisiert, so zeigt das nördliche bereits ganz gotische Formen. Gegen 1275 war das Langhaus fertiggestellt, danach konnte mit der Westfassade begonnen werden. 1439 waren die Bauarbeiten mit der Vollendung des Nordturms weitgehend abgeschlossen.

Das Meisterwerk Erwin von Steinbachs

Dem Besucher verschlägt es für einen Moment den Atem, wenn sich vor ihm aus dem mittelalterlichen Häusergewirr unvermittelt das Münster in seiner ganzen Monumentalität emporreckt. Ein filigranes Gitter aus Maßwerk und schlanken Säulen vor der Wand verleiht dem Bauwerk himmelstrebende Schwerelosigkeit.

Bis zu der den Mittelteil der Westfassade dominierenden Rose geht die Ausführung auf Erwin von Steinbach zurück; ab 1384 wurde nach Plänen von Michael Parler gearbeitet. Der Ulmer Münsterbaumeister Ulrich Ensinger entwarf den Nordturm, den Johannes Hültz aus Köln noch erhöhte und 1439 mit dem originellen Helm vollendete. Damit besaß

Straßburg seinerzeit den mit 142 m höchsten Kirchturm ganz Europas.

Grandioser Skulpturenschmuck

Bei einigen Figuren handelt es sich um Nachbildungen aus dem 19. Jh., deren Originale während der Revolutionswirren zerstört wurden. Auch durch Umwelteinflüsse gefährdete Statuen tauschte man im Laufe der Jahre gegen Kopien aus; die Originale sind im benachbarten Museum zu sehen.

Das linke Seitenportal zeigt im Tympanon Szenen aus der Kindheit Christi, im Gewände Personifikationen der Tugenden, die über die Laster triumphieren. Im Mittelportal sind ebenfalls Szenen aus dem Leben Christi dargestellt. Im rechten Seitenportal im Tympanon: das Jüngste Gericht, flankiert von den Klugen und Törichten Jungfrauen in den Gewänden.

**– ⑤ – Prunkvolle
Schatztruhe Straßburg**

1 Münster
2 Maison Kammerzell
3 Musée de l'Œuvre
 Notre-Dame
4 Palais Rohan
5 Musée Historique
6 Ancienne Douane
7 Cour du Corbeau
8 Musée Alsacien
9 St-Thomas
10 La Petite France
11 Barrage Vauban
12 Musée d'Art Moderne
 et Contemporain
13 Place Kléber
14 Place Broglie
15 Place de la République
16 Musée Tomi Ungerer

Skulpturen am Hauptportal
des Münsters

Die Skulpturen am südlichen Querhausportal wurden um 1230 in das noch romanische Doppelportal eingefügt. Das linke Bogenfeld zeigt eine an antike Vorbilder erinnernde Darstellung des Marientodes; das rechte die Marienkrönung. Die seitlichen Frauenfiguren symbolisieren Ecclesia und Synagoge bzw. den Triumph des Christentums (mit Krone und Kreuzstab) über das mit verbundenen Augen und zerbrochenem Stab dargestellte Judentum.

Der Innenraum

Der Innenraum wirkt insgesamt harmonisch, trotz der Verbindung von staufischer Chorpartie und gotischem Langhaus. Das Mittelschiff erreicht bei einer Breite von 16 m eine Höhe von 31,50 m (Notre-Dame in Paris: 12,80 zu 32,40 m).

Außer einigen mittelalterlichen Ausstattungsstücken blieben bedeutende Teile der Glasfenster erhalten. Die ältesten Scheiben befinden sich im nördlichen Querhaus und Seitenschiff. Der beim Bau des gotischen Schiffs wiederverwendete Zyklus der *Kaiserfenster stammt aus der Kirche des Bischofs Werinher und entstand ab 1200.

Den auf der Nordseite dargestellten karolingischen, ottonischen, salischen und staufischen Herrschern entsprach auf der Südseite früher ein Zyklus mit Aposteln und Propheten.

In ein Gehäuse aus dem ausgehenden 15. Jh. baute man die große Orgel von Andreas Silbermann ein. Der Münsterbaumeister Hans Hammer schuf 1484/85 die spätgotische, mit kunstvollem Figurenschmuck versehene Kanzel für den Prediger Geiler von Kaysersberg.

Im südlichen Querhausarm trägt der originelle *Engelspfeiler das Gewölbe. Sein Skulpturenschmuck dürfte zwischen 1220 und 1230 entstanden sein. Es handelt sich um eine ungewöhnliche Darstellung des Jüngsten Gerichts, die wohl im Zusammenhang mit der Gerichtsstätte, die sich einst vor dem Südportal befand, gesehen werden muss. Neben dem Engelspfeiler befindet sich die *Astronomische Uhr. Das 18 m hohe Gehäuse wurde im 16. Jh. von zwei Münsterbaumeistern geschaffen, die Mechanik erneuerte Jean-Baptiste Schwilgué im Jahr 1838. Die Uhr zeigt Sonnenauf- und -untergang, Heiligenfeste und Sonnenfinsternisse an (Vorführung tgl. 12.30 Uhr, Ticket am Südportal).

Anstrengende 332 Stufen muss man bis zur **66 m hohen Aussichtsplattform** des unvollendeten Turms hinaufsteigen: Ein herrlicher Blick auf die Stadt, die Umgebung und den zweiten Münsterturm belohnt die Anstrengung (Nov.–Febr. 9–16.30, März und Okt. 9–17.30, April–Juni und Sept. 9–18.30, Juli/Aug. 8.30–19 Uhr).

*Maison Kammerzell ▣

An der Westseite des Münsters steht mit seinen leicht vorkragenden Stockwerken das mit Abstand schönste Fachwerkhaus der Stadt. Sein Erbauer, der wohlhabende Kaufmann Kammerzell, ließ sich dieses Haus entsprechend seinen Vorstellungen im 16. Jh. bis auf das Erdgeschoss umbauen. Hinter der Fassade mit reichem Schnitzwerk, das Tierkreiszeichen und christliche Tugenden darstellt, können Liebhaber der französischen Küche im Restaurant Maison Kammerzell einkehren.

Restaurant

Maison Kammerzell
16, place de la Cathédrale
Tel. 03 88 32 42 14
www.maison-kammerzell.com
Tgl. 12–14.30 und 19–22.30 Uhr.
Renommiertes Restaurant in historischem Ambiente mit erstklassiger elsässischer Küche. ●●●.

**Musée de l'Œuvre Notre-Dame ▣

Seit 1347 war der Komplex Sitz der Münsterbauhütte. Das Museum wurde 1850 gegründet. Zu den wertvollsten Schätzen gehören die gotischen Baurisse. Es handelt sich um Entwürfe zur Westfassade und zum Turm aus der Zeit von 1275 bis ins frühe 16. Jh. Auch die am Münster entfernten Originalskulpturen sind im Museum zu sehen. Hinzu

Das Maison Kammerzell ist das schönste Fachwerkhaus Straßburgs

kommen Fragmente des 1682 ab-
gebrochenen Lettners aus dem
13. Jh.

Die Sammlung mittelalterlicher
Glasmalerei umfasst ebenfalls aus
dem Münster stammende Stücke.
Der Christuskopf aus der Abtei-
kirche von Wissembourg aus der
Zeit um 1070 gilt als älteste erhal-
tene Glasmalerei mit figürlicher
Darstellung (tgl. außer Mo 12–18,
Sa/So 10– 18 Uhr).

Palais Rohan **4**

Zwischen 1730 und 1742 ließ sich
Kardinal Gaston-Armand de
Rohan-Soubise diese erzbischöf-
liche Residenz errichten. Richtung Münster öffnet sich der Eingang zum Ehrenhof. Seit 1898
werden die Innenräume des
Schlosses von drei Museen genutzt (alle tgl. 10–18 Uhr).

Das ***Musée des Beaux-Arts**
beherbergt eine bedeutende Gemäldegalerie mit Bildern aus Gotik und Renaissance sowie viele
Werke des 17. und 18. Jhs. aus
unterschiedlichen europäischen
Ländern.

Im Untergeschoss sind die vor-
und frühgeschichtlichen Sammlungen des ***Musée Archéologique** untergebracht. Zusammen
mit dem Museum in Metz besitzt
Straßburg die umfangreichsten
Bestände dieser Art in der
Region, darunter die reizvolle
Rekonstruktion des Halbreliefs
einer Zeremonialstätte des Mi-
thraskultes.

Das ***Musée des Arts Décora-
tifs** zeigt im Erdgeschoss erlese-
nes Kunsthandwerk. Ausgestellt
sind Musterbeispiele der Gold-
schmiedekunst, der Möbelschrei-
nerei und des Uhrmacherhand-
werks. Eine sehr umfangreiche
Keramiksammlung dokumentiert
die Produktion der Straßburger

Das Schlafzimmer von Napoleon im Palais Rohan

Manufaktur der Familie Hannong zwischen 1721 und 1872. Die **Gemächer der ehemaligen Fürstbischöfe** sind ebenso wie das in Pistaziengrün gehaltene Schlafgemach von Napoléon I. märchenhaft ausgestattet.

Sehenswert sind auch originale Teile der astronomischen Uhr des Straßburger Münsters aus dem 14. Jh., die im Zuge einer Renovierung ausgetauscht wurden.

Musée Historique 5

Die »Grande Boucherie« wurde 1586 errichtet und diente bis Mitte des 19. Jhs. als Schlachthaus und Verkaufsstätte. Seit Anfang des 20. Jhs. nutzt das historische Museum die Räume. Es zeigt auf zwei Etagen die Stadtgeschichte vom Mittelalter bis 1800 anhand von Mobiliar, Druckerzeugnissen, mittelalterlichen Helmen (die man probieren darf), Gemälden, Stadtplänen, historischen Kanonen und einer umfangreichen Feldausrüstung von General Kléber (tgl 10–18 Uhr).

Ancienne Douane 6

Gegenüber dem historischen Museum steht am Ufer der Ill das ehemalige Zoll- und Kaufhaus mit breiten Arkaden. Im Mittelalter befand sich dort der größte Warenumschlagplatz der Stadt. Heute beherbergt das Gebäude ein Restaurant in typisch elsässischem Stil.

Cour du Corbeau 7

Am Pont du Corbeau (»Rabenbrücke«) wurden im Mittelalter Gerichtsurteile vollstreckt. Nur Schritte entfernt liegt mit dem Rabenhof ein restaurierter Gasthof aus der Renaissancezeit, in dem u.a. Berühmtheiten wie Voltaire und Friedrich der Große übernachteten. Im Innenhof kann man einen Blick auf die wunderschönen Holzgalerien des mittlerweile in ein Luxushotel umgebauten Gebäudes werfen › S. 56.

Das umliegende Viertel Krutenau, abgeleitet von »Kräuterau«, besitzt weitere sehenswerte Renaissancegebäude, lebendige Cafés, Jazzlokale und Restaurants.

*Musée Alsacien 8

Bei der Museumsgründung im Jahre 1902 spielten die Bemühungen um die Bewahrung regionaler Eigenarten angesichts der drohenden Germanisierung des Elsass eine Rolle. Allein von den Räumlichkeiten her ist es eines der schönsten Museen Straßburgs. Untergebracht in drei ineinander verschachtelten Fachwerkhäusern aus dem 16. und 17. Jh. reichen die Sammlungen von Küchenausstattungen aus längst vergangenen Zeiten über eine mittelalterliche Apotheke und Trachten bis hin zu Puppenstuben und einem **historischen Weinkeller** mit Eichenfässern und altertümlicher Presse (Mo, Mi–Fr 12–18 Uhr, Sa und So 10–18 Uhr).

St-Thomas 9

In der Apsis dieser fünfschiffigen Halle mit Kreuzgewölben steht das von Jean-Baptiste Pigalle entworfene Grabmal für Marschall

Moritz von Sachsen. In der Kirche, deren älteste Teile auf das 13. Jh. zurückgehen, gab Albert Schweitzer einst seine berühmten Bach-Konzerte. Heute lässt hier der amtierende Hauptorganist Daniel Maurer die Silbermann-Orgel in der Regel mehrmals im Jahr erklingen.

***La Petite France ⑩

»Klein-Frankreich« ist neben dem Münster die Hauptattraktion Straßburgs. Dabei war diese Gegend früher alles andere als ein Vorzeigeviertel. Am Rande der alten Kaufmannsstadt ließen sich Handwerker – vor allem Gerber – nieder, die für ihre Arbeit viel Wasser benötigten. Heute riecht es hier nicht mehr nach nassen Häuten, sondern allenfalls nach Sauerkraut. Blumengeschmückte Fachwerkhäuser, in die sich Weinstuben und Restaurants eingenistet haben, spiegeln sich in der halbwegs sauberen Ill. Ein Blick wie aus dem Bilderbuch bietet sich vom **Pont St-Martin** auf das Viertel. Die schönste Straße ist die **Rue du Bain-aux-Plantes,** deren Name an die pflanzlichen Gerbstoffe erinnert, mit denen damals gearbeitet wurde.

Den südwestlichen Abschluss der Petite France bilden die ***Ponts Couverts** über die drei Arme der Ill. Die überdachte Holzbrücke wurde 1860 durch die jetzige Steinbrücke ersetzt. Lediglich die quadratischen Wachtürme aus dem 13. Jh. sind noch Reste der hochmittelalterlichen Stadtbefestigung.

Barrage Vauban ⑪

Die gründliche Modernisierung dieses hoffnungslos veralteten mittelalterlichen Verteidigungssystems veranlasste Louis XIV. Er übertrug 1686 seinem Festungsbaumeister Vauban die Neukonzeption dieses überbauten Wehrs mit seinen 13 Schleusentoren. Von der Dachterrasse bietet sich ein schöner ***Ausblick.** Wegen Renovierung bleibt das Wehr bis zum Frühjahr 2011 geschlossen.

*Musée d'Art Moderne et Contemporain ⑫

Das Museum zeigt auf 5000 m² Kunstwerke aller Gattungen vom späten 19. Jh. bis heute. Höhepunkte bilden Arbeiten des französischen und deutschen Impressionismus und Surrealismus sowie Plastiken von Ossip Zadkine und Niki de Saint-Phalle, Werke des 1877 in Straßburg geborenen Hans Arp, von Joseph Beuys und Georg Baselitz. Zudem werden wechselnde Sonderausstellungen geboten (Di, Mi, Fr 12–19, Do 12–21, Sa, So 10–18 Uhr, www.musee-strasbourg.org).

Place Kléber ⑬

Die Pläne für die Gestaltung der Place Kléber stammen vom Architekten Jean-François Blondel. Den Mittelpunkt bildet das Denk- und Grabmal des in Straßburg geborenen Marschalls Jean-Baptiste Kléber. An der Nordseite des Platzes steht die von 1764 bis 1767 erbaute ehemalige Hauptwache Aubette, deren avantgardistische Innengestaltung in den

Fachwerk in La Petite France

1920er-Jahren nach Entwürfen von Theo van Doesburg, Sophie Taeuber-Arp und Hans Jean Arp vorgenommen wurde. Außer der Ausstellung »Art is Arp« (Mi–Sa 10–17 Uhr) beherbergt der Komplex heute ein Geschäftszentrum mit zahlreichen Modeboutiquen und Restaurants (www.laubette.fr, Mo–Sa 10–20 Uhr, Lokale länger).

Place Broglie 14

Der weiter östlich gelegene Platz war früher Turnierplatz und wurde 1740 vom Marschall de Broglie als Promenade angelegt. Das heutige Rathaus, ursprünglich im 18 Jh. als Privatpalais konzipiert, und das Stadttheater an der Stirnseite des Platzes wurden zu Beginn des 19. Jhs. fertiggestellt. Jeden Mittwoch und Freitag findet auf dem Platz vormittags ein Wochenmarkt und im Dezember ein Weihnachtsmarkt statt.

Place de la République 15

Nach dem Krieg von 1870/71 und der Schaffung des Reichslandes Elsass-Lothringen wurden die Stadtteile nördlich und westlich der Ill umgestaltet. Die neoklassizistische Handschrift deutscher Architekten ist hauptsächlich um die Parkanlage auf der Place de la République sichtbar, wo das Palais du Rhin und die Bibliothèque Nationale et Universitaire stehen. Im Zentrum der Grünanlage ist das ausdrucksstarke Friedensdenkmal von Mutter Elsass mit einem französischen und einem deutschen toten Sohn zu sehen.

Außerhalb des Altstadtkerns

In verschiedenen Baustilen entstanden gegen Ende des 19. Jhs. weitere Gebäude wie der mit einer gläsernen Vorhalle modernisierte **Bahnhof** und der Gebäudekomplex der **Universität** (an der Straße ins Europaviertel). Nordöstlich der Place de la République steht die **Maison de la Radio-Télévision** (Place de Bordeaux), erbaut 1961 und von Jean Lurçat mit einem 30 m langen Mosaik geschmückt.

Noch moderner zeigt sich das **Europaviertel** mit dem Sitz mehrerer europäischer Institutionen wie dem 1977 eröffneten Europarat (Avenue de l'Europe; Busse ab Place Kléber), dem futuristischen Europäischen Gerichtshof für Menschenrechte und dem im Jahr 1999 eingeweihten Europaparlament. Auch der deutsch-französische TV-Sender ARTE befindet sich in diesem Stadtteil.

Echt gut! Die **Orangerie** wurde im 19. Jh. als Landschaftsgarten mit einem Tiergehege angelegt. In dem Park steht das Schlösschen der Kaiserin Joséphine.

Vor dem Europarat

Das in einer Villa einquartierte **Musée Tomi Ungerer** 16 zeigt Arbeiten des bekannten elsässischen Illustrators, dessen Lebenswerk nicht nur aus Kinderbüchern, sondern auch aus Karikaturen, Werbezeichnungen sowie erotischen und witzig-bissigen Entwürfen besteht. Das Museum besitzt ca. 11 000 Arbeiten, von denen im Wechsel jeweils ca. 300 ausgestellt werden. Sie geben einen sehr unterhaltsamen Überblick über sein umfassendes Œuvre (Mo und Mi–Fr 11–13 und 14–18, Sa–So 10–18 Uhr).

Infos

Office de Tourisme
17, place de la Cathédrale
Tel. 03 88 52 28 28
www.ot-strasbourg.fr
Tgl. 9–19 Uhr
Nebenstellen: Place de la Gare,
Pont de l'Europe.
Hier ist der Strasbourg-Pass erhältlich.
Er gewährt an drei Tagen ermäßigten
bzw. kostenlosen Eintritt zu Sehenswürdigkeiten und anderen Leistungen;
Preis: Erw. 11,90 €, Kind 5,90 €.

Hotels

■ **Cour du Corbeau**
6, rue des Couples
Tel. 03 90 41 75 35
www.cour-corbeau.com/de
Ehemalige Postkutschenstation aus der Renaissancezeit mit **wunderschöner Fachwerkfassade und stilvollen Zimmern** mit allem Komfort. ●●●
■ **Hôtel de l'Europe**
38, rue du Fossé des Tanneurs
Tel. 03 88 32 17 88
www.hotel-europe.fr

60 gut ausgestattete Zimmer in einem
Fachwerkhaus in der Fußgängerzone
im historischen Stadtkern. ●—●●●

■ **Hôtel Gutenberg**
31, rue des Serruriers
Tel. 03 88 32 17 15
www.hotel-gutenberg.com
Haus aus dem 18. Jh. mit nostal-
gischem Charme und Blick auf das
Münster. ●●

■ **Hôtel Le Grillon**
rue Thiergarten
Tel. 03 88 32 71 88
www.grillon.com
Ca. 5 Minuten vom Bahnhof und
Stadtzentrum entfernt, mit lärmisolier-
ten, klimatisierten Zimmern. ●—●●

Restaurants

■ **Le Buerehiesel**
4, Parc de l'Orangerie
Tel. 03 88 45 56 65
www.buerehiesel.com
Di–Sa 12–13.30 und
19.30–21.30 Uhr
Im Parc de l'Orangerie bietet dieses
Restaurant unter der Leitung von
Eric Westermann **elsässische Küche**
der Spitzenklasse in dazu passendem
elegant-rustikalem Ambiente. ●●●

■ **Maison des Tanneurs**
42, rue du Bain-aux-Plantes
Tel. 03 88 32 79 70
www.maison-des-tanneurs.com
So/Mo geschl.
In einer ehemaligen Fachwerk-Gerbe-
rei von 1572 erscheint das urgemüt-
liche Restaurant Sauerkrautfans wie
der Himmel auf Erden. ●●●

■ **Restaurant Lohkäs**
25, rue du Bains-aux-Plantes
Tel. 03 88 32 05 26][**tgl. außer So**
Das im Viertel La Petite France liegende Traditionslokal setzt auf gemütliche

Restaurant Lohkäs in der Altstadt

Atmosphäre und elsässische Küche.
●●—●●●

■ **La Table de Christophe**
28, rue des Juifs
Tel. 03 88 24 63 27
www.tabledechristophe.com
tgl. außer Mo
Lokal mit neuer französischer Küche,
das gern von Einheimischen besucht
wird. ●—●●

Shopping

Rue du Dôme, **Rue des Orfèvres**
und **Rue des Hallebardes** sind die
Hauptgeschäftsstraßen der Stadt.
Am **Quai Kléber** liegt das moderne
Einkaufszentrum **Place des Halles**
(www.placedeshalles.com). Berühmt
sind Straßburgs **Weihnachtsmärkte**
vom 1. Adventswochenende bis

Ende Dez. (**Place de La Cathédrale,
Place Broglie** und **Place Kléber**).

■ **Le Chalet**
376, rte de la Wantzenau
Tel. 03 88 31 18 31
www.strasbourg-by-night.com
Mi–Sa 22.30–4 Uhr
Hipper Club mit fünf Restaurants,
Karaoke-Bar, Tanzfläche, Musik unterschiedlicher Richtungen und Unterhal-
tungsshows hauptsächlich an Wochenenden.

■ **La Salamandre**
3, rue Paul Janet
Tel. 03 88 25 79 42
www.lasalamandre-strasbourg.fr
Mi–So 21–4 Uhr

Die attraktivsten Aussichtspunkte

■ Der Blick von der Plattform des
Straßburger Münsterturms zeigt
die Stadt von einer ganz besonderen
Seite ❯ S. 51.
■ Vom Dach des **Barrage Vauban**
in Straßburg hat man einen wunder-
baren Panoramablick über das Fach-
werkviertel La Petite France ❯ S. 54.
■ Im Kern von **Wissembourg** führt
die Schlupfgass auf einem Steg über
das von alten Fassaden und Gärten
gesäumte Flüsschen Lauter ❯ S. 65.
■ Wie stark das Nordelsass von
Wäldern und Wiesen geprägt ist,
sieht man von den Zinnen der **Burg
Fleckenstein** ❯ S. 66.
■ Vor dem Kloster auf dem **Mont
Ste-Odile** kann man den Blick weit
über die Rheinebene bis in den
Schwarzwald genießen ❯ S. 77.

Die Kombination aus Konzertsaal und
Disco in der Krutenau ist ein populärer
Treff für junge Leute.

Das **Office de Tourisme** veranstaltet
allgemeine und themenbezogene Führungen. Ganzjährig finden Schiffsrund-
fahrten statt (April–Okt. 9.30–
21 Uhr, Nov.–März 10.30–16 Uhr,
Abfahrt am Palais Rohan, 75 Min.).

Ausflug am Rhein-Rhône-Kanal entlang

Der Rhein-Rhône-Kanal verbindet den Rhein mit der Rhône
und bildet damit ein Verbindungs-
glied zwischen Nordsee und
Mittelmeer. Beim Barrage Vauban
in Straßburg mündet der 1830 in
Betrieb genommene Kanal in die
Ill. In südlicher Richtung kann
man direkt an der künstlichen
Wasserstraße entlang auf einem
ausgeschilderten und asphaltier-
ten Weg bis ins ca. 30 km entfern-
te **Friesenheim** radeln.

Hat man den Straßburger Vor-
ort Illkirchen-Graffenstaden er-
reicht, bietet sich in der warmen
Jahreszeit ein ca. 2 km weiter
Abstecher nach Osten zu einem
Baggersee an.

Möchte man auf der Weiter-
fahrt Richtung Friesenheim auch
noch der Wallfahrtskapelle **Not-
re-Dame-du-Chêne** auf der östlichen Kanalseite einen Besuch abstatten, kann man bei Eschau oder
Plobsheim eine der Kanalbrücken
überqueren.

Das Nordelsass

Zur Orientierung

Das nördliche Elsass ist längst
nicht so überlaufen wie die südlichen Landesteile, aber auch
nicht ganz so malerisch. Hier geht
es ruhiger und ursprünglicher zu.
Das gilt insbesondere für den
122 000 ha großen Parc Naturel
Régional des Vosges du Nord mit
ruhigen Landschaften, Mischwäl-
dern und Dörfern. Interessante
Sehenswürdigkeiten findet man
in der ehemaligen Stauferhochburg Haguenau, aber auch in
kleineren Gemeinden wie den
Töpferdörfern Soufflenheim und
Betschdorf sowie im wunderschönen Fachwerk-Duo Hunspach
und Hoffen.

Um Wissembourg zeigt sich die
französisch-deutsche Grenzregi-
on wehrhaft mit beeindruckenden
Burgruinen wie dem Château de
Fleckenstein, aber auch Festungs-
werken der jüngeren Vergangenheit wie der Zitadelle in Bitche.
Saverne mit Rohan-Schloss und
Marmoutier mit einem Highlight
der romanischen Architektur liegen auf dem Weg zur nördlichen
Weinstraße.

Um ein technisches Wunder-
werk handelt es sich bei dem
genialen Schiffshebewerk von
Saint-Louis/Arzviller am Rhein-
Marne-Kanal.

Ein erschütterndes Kapitel in
der Geschichte des Elsass dokumentiert hingegen das ehemalige
Konzentrationslager Struthof bei
Natzweiler.

Touren in der Region

Durch Töpfer- und Fachwerkdörfer

⎯ 6 ⎯ **Haguenau › Sessenheim › Soufflenheim ›
Betschdorf › Hoffen/Huns-
pach › Wissembourg**

Länge: 55 km
Dauer: 1 Tag
Praktische Hinweise: In Haguenau und Wissembourg gibt
es gute Übernachtungsmög-
lichkeiten. Sportliche können
die Rundfahrt auch mit dem
Fahrrad unternehmen.

Nach einem Bummel durch
Haguenau › S. 63 ist man für das
ländliche Flair in **Sessenheim
› S. 64** gewappnet, wo Goethe-
Anhänger in Erinnerungen an
den großen Dichter schwelgen
können. **Soufflenheim › S. 64**
und **Betschdorf › S. 65** locken
Besucher, die an typisch elsässischen Töpfereien ihre Freude haben oder ein haltbares Souvenir
suchen. Für Fachwerkschönheiten
sind die Nachbarorte ***Hoffen/
Hunspach › S. 65** bekannt. Sym-
pathisch kleinstädtisch zeigt sich
das nördliche Elsass in ***Wissembourg › S. 65** mit historischen
Kirchen, schmucken Plätzen, verwinkelten Gassen und idyllischen
Wasserläufen.

Karte
Seite 62

Kirchen, Burgen, Zitadellen

**⑦ Wissembourg ›
Château de Fleckenstein
› Niederbronn-les-Bains ›
Bitche › La Petite Pierre
› Graufthal › Saverne**

Länge: 117 km
Dauer: 1 Tag
Praktische Hinweise: Im Château in La Petite Pierre kann man sich über den Nordvogesen-Naturpark informieren. Trotz seines ländlichen Charakters besitzt der Thermalort Niederbronn-les-Bains ein Spielkasino.

Westlich von ***Wissembourg** › S. 65 dehnen sich die nördlichsten Rebkulturen des Elsass über die hügelige Landschaft aus. Über die Wipfel der Wälder ragen sandsteinrote Felszinnen hinaus, die hie und da von trutzigen Burgruinen wie dem ***Château de Fleckenstein** › S. 66 gekrönt sind. Eine beschauliche Atmosphäre kennzeichnet den **Thermalort Niederbronn-les-Bains** › S. 67, in dessen Umgebung Wanderwege zur Erkundung der Natur einladen. Hoch über dem lothringischen **Bitche** › S. 68 zeugt die im 17. Jh. von Festungsbaumeister Vauban errichtete Zitadelle von der lange Zeit umkämpften Grenzlage der Stadt. Weiter südlich breiten sich um den kleinen Ferienort ***La Petite Pierre** › S. 69 Wiesen und Wälder des Nordvogesenparks aus. Kaum vorstellbar ist, dass die in den roten Sandsteinfelsen getriebenen Höhlenwohnungen in **Graufthal** › S. 69 noch vor einigen Jahrzehnten bewohnt waren.

Am Ende der Tour erwartet die Kleinstadt ***Saverne** › S. 69 Besucher. Der idyllische Hafen am Rhein-Marne-Kanal mit Blick auf die Schlossfassade und eine mitten in der Stadt liegende Schleuse gehören hier zu den touristischen Anziehungspunkten.

Radtour um den Haguenauer Forst

**⑧ Haguenau › Soufflenheim › Sessenheim ›
Betschdorf › Haguenau**

Länge: 90 km
Dauer: 1–2 Tage
Praktische Hinweise: Die Tour verläuft in flachem Gelände über asphaltierte, wenig befahrene Nebenstraßen, vom Forstweg zur Gros Chêne im Haguenauer Forst abgesehen.

Auf schattigen Straßen im Haguenauer Forst lässt man das Städtchen **Haguenau** › S. 63 hinter sich. Über einen kleinen Umweg auf der D 263 und eine ausgeschilderte Abbiegung erreicht man im größten zusammenhängenden Waldgebiet des Elsass die 1913 einem Blitzschlag zum Opfer gefallene **Gros Chêne** (»Dicke Eiche«) mit einem Kinderspielplatz, Trimm-dich-Pfad und Gaststätte (Auberge de la Forêt, Route Forestière de Schwabwiller, Mo geschl.) gleich nebenan. Quer durch den Wald geht es weiter bis ins Töpferdorf **Soufflenheim** › S. 64 und von dort auf der D 737 nach **Sessenheim** › S. 64, ein obligatorisches Ziel für Goethe-Anhänger, weil der Dichter dort während seiner Straßburger Stu-

dienzeit eine Pfarrerstochter umwarb.

Die D 468 führt über die Dörfer Stattmatten und Auenheim nach Roeschwoog, wo man auf der D 136 nach Neuhaeusel Richtung Rhein abbiegt und in einem

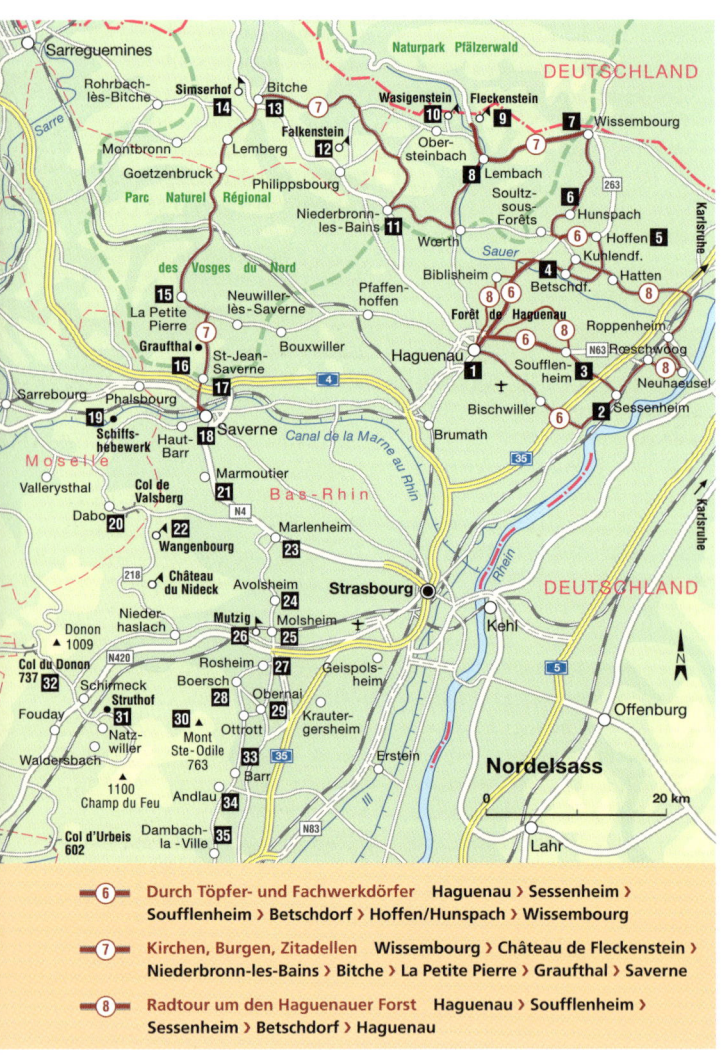

6 **Durch Töpfer- und Fachwerkdörfer** Haguenau › Sessenheim ›
Soufflenheim › Betschdorf › Hoffen/Hunspach › Wissembourg

7 **Kirchen, Burgen, Zitadellen** Wissembourg › Château de Fleckenstein ›
Niederbronn-les-Bains › Bitche › La Petite Pierre › Grauthal › Saverne

8 **Radtour um den Haguenauer Forst** Haguenau › Soufflenheim ›
Sessenheim › Betschdorf › Haguenau

Bogen auf wenig befahrenen Landstraßen nach Roppenheim, Kauffenheim (D 163), Leutenheim und Koenigsbruck radelt.

Wer unterwegs eine Übernachtungsmöglichkeit sucht, sollte in **Roppenheim** im Hôtel-Restaurant La Couronne (8, rue Principale, Tel. 03 88 86 40 14, http://pagesperso-orange.fr/couronne.roppenheim, ●) absteigen. Durch die Ausläufer des Haguenauer Forstes erreicht man **Betschdorf** › S. 65, ebenfalls eine Töpfergemeinde. Von hier kann man über Surbourg, Biblisheim und Walbourg nach **Haguenau** zurückkehren.

St-Georges überragt Haguenau

Unterwegs im Nordelsass

Haguenau ▮

Haguenau (34 000 Einw.) liegt am Rande eines ausgedehnten Waldes am Ufer der Moder. Um das Jahr 1000 errichtete Graf Hugo von Egisheim auf einer Flussinsel eine später zur Kaiserpfalz erhobene Burg. Der Niedergang Haguenaus setzte Ende des Dreißigjährigen Krieges ein. 1677 wurden Stadt und Pfalz, in der die Reichskleinodien aufbewahrt wurden, von einem Brand heimgesucht, daher stammen viele der erhaltenen Häuser aus dem 18. Jh.

Von den Flammen verschont blieb die romanische **Kirche St-Georges**. In der **Kirche St-Nicolas,** einer Stiftung Friedrich Barbarossas, ist das prächtige barocke Chorgestühl aus dem zerstörten Kloster Neuburg zu sehen.

Das **Musée Historique** in der Rue Maréchal Foch präsentiert auf gelungene Art archäologische Exponate, z. B. aus dem Forst von Haguenau. Ausgestellt sind auch Fragmente von Statuen, Waffen sowie Porzellanwaren (Mo 14–18, Mi–Fr 10–12 und 14–18, Sa/So 15–17.30 Uhr, Di geschl.).

Gebrauchsgegenstände und dekorative Stücke veranschaulichen im **Musée Alsacien** das Leben der Elsässer im 19. Jh. (Mo–Fr 9–12 u. 13.30–17.30, Sa/So 14–17 Uhr, Di vormittags geschlossen).

Obwohl der Hopfen heute nicht mehr in der Umgebung von Haguenau, sondern schwerpunktmäßig in der Gegend südlich von Straßburg angebaut wird, feiert man hier alljährlich in der letzten Augustwoche die **Fête du Houblon** als Folklorefestival.

Info

Office de Tourisme
place de la Gare
Tel. 03 88 93 70 00
www.tourisme-haguenau.eu

Hotels

■ **Hôtel-Restaurant-Brasserie Artisanale l'Ermitage**
4, place de la basilique
Marienthal][**Tel. 03 88 93 41 23**
www.hotel-ermitage.com
Modernes Hotel mit 14 komfortablen Zimmern. Zum Haus gehört ein Restaurant in dem selbstgebrautes Bier ausgeschenkt wird. ●●–●●●
■ **Europe Hôtel-Restaurant**
15, ave du professeur René Leriche
Tel. 03 88 93 58 11
www.europehotel-haguenau.fr
Am südwestlichen Stadtausgang gelegene Unterkunft mit 71 ordentlichen Zimmern, Innen- und Außenpool und Restaurant. ●●

Nightlife

Club Manhattan
48, rte Schirrhein
Tel. 03 88 73 26 44
www.lemanhattan-club.com
Diskothek für Techno- und Rockfreaks mit Themenabenden an Wochenenden.

Aktivitäten

Der **Badepark Nautiland (8, rue des Dominicains, Tel. 03 88 90 56 56)** garantiert Abkühlung.

Ausflüge von Haguenau

Sessenheim ❷

Jahr für Jahr pilgern Goethe-Anhänger in das Dorf, weil der deutsche Dichterfürst dort während seines Studiums in Straßburg der hübschen Pfarrerstochter Friederike Brion den Hof machte. Konkrete Spuren sind allerdings kaum mehr zu finden. In der alten **Goethe-Scheune** soll der damalige Student Lesungen abgehalten haben. Die **protestantische Kirche** im Ortsmittelpunkt ist nach wie vor stolz auf das originale Gestühl, auf dem die Verliebten den Predigten von Pfarrer Brion lauschten.

Nur Schritte von der Kirche entfernt, dient ein ehemaliges Wachhäuschen mit einer Büste des Dichters und einem Mini-Museum mit literarischen Ausstellungsstücken als **Mémorial Goethe.** In der **Auberge Au Boeuf** ist ebenfalls eine Ausstellung mit Goethe-Memorabilien eingerichtet.

Soufflenheim ❸

Der Ort ist seit dem Mittelalter für seine Töpferwaren berühmt. Im 12. Jh. erteilte Friedrich I. Barbarossa Handwerkern die Erlaubnis, Lehmgruben im Haguenauer Forst zu nutzen. Über die Zeiten hat der Strukturwandel zwar das Töpferhandwerk schrumpfen lassen, aber nach wie vor gibt es in Soufflenheim zahlreiche Ateliers und Werkstätten.

Dachlandschaft in Wissembourg

Im Unterschied zu Betschdorf ist Dekorations- und Gebrauchsgeschirr aus Soufflenheim in unterschiedlichen Farben und mit pflanzlichen oder tierischen Motiven dekoriert.

Betschdorf 4

Eine ähnlich lange Töpfertradition wie Soufflenheim besitzt Betschdorf, wo überwiegend graue Steingutwaren mit blauen Verzierungen hergestellt werden. In mehreren Keramikwerkstätten sowie im **Musée de la Poterie** (2, rue Kuhlendorf) kann man die schönsten Produkte bestaunen.

*Hoffen 5 und *Hunspach 6

Die nur 2 km voneinander entfernten Gemeinden gehören zu den schönsten Orten im Elsass, weil beide von einer einheitlichen, sehr harmonisch wirkenden Architektur geprägt sind: Fachwerkhäuser unterschiedlicher Größe und Bauart. Bei zahlreichen handelt es sich um Bauernhöfe, zu deren Attraktivität wunderschöne Vorgärten beitragen.

*Wissembourg 7

Die Gründung dieses Grenzorts (9000 Einw.) geht auf eine Abtei zurück, die vermutlich um 660 entstand. Mit engen Gassen, dem Flüsschen Lauter und pittoreskem Fachwerk erinnert die gemütliche Kleinstadt an Colmar. Die einstige Abteikirche ***St-Pierre-et-St-Paul** ist nach dem Straßburger Münster die größte gotische Kirche im Elsass. Von einem Vorgängerbau stammt der romanische Westturm. Die Pfeilerbasilika wurde im Wesentlichen zwischen dem 13. und 14. Jh. erbaut und immer wieder verändert. Die Nordseite der Kirche flankieren Reste eines gotischen Kreuzgangs.

Am **Quai Anselmann** fällt das Maison Vogelsberger, ein Renaissancehaus von 1540, auf. Entlang der Lauter gelangt man zum alten Salzhaus mit imposantem Dach, gegenüber liegt die ehemalige Zehntscheuer der Abtei, in der im Mittelalter mit dem Zehnten (10% der Ernte) die damals übliche Naturalsteuer gelagert wurde. Lohnend ist auch der Spaziergang um die hervorragend erhaltene **Stadtbefestigung** oder in den dörflichromantischen Stadtteil ***Le Bruch** mit schönen Häusern aus Renaissance und Barock.

Info

Office de Tourisme
9, place de la République
Tel. 03 88 94 10 11
www.ot-wissembourg.fr.

Hotel

Hôtel Au Cygne
3, rue du Sel][**Tel. 03 88 94 00 16**
www.hostellerie-cygne.com
Hübsches Ambiente in zwei alten Häusern, mit eigenem Terrassenrestaurant. ●—●●

Restaurant

L'Ange
2, rue de la République
Tel. 03 88 94 12 11
www.restaurant-ange.com
Di und Mi geschl.
Die Küche passt traditionelle Gerichte dem heutigen Geschmack an. Di und Mi geschl. ●●

Shopping

Tandem
42, rue de l'Industrie
Tel. 03 88 54 20 37
www. tandem-france.com
Tgl. außer So 10–20 Uhr
Factory Outlet im Industriegebiet hat topaktuelle Damenmode im Angebot.

Lembach 8

Lembach liegt eingebettet in die reizvolle Berglandschaft des Nordelsass. Für eine Stippvisite gibt es für viele Besucher aber in erster Linie einen kulinarischen Grund: das bekannte Gourmetlokal Auberge du Cheval Blanc der Sterneköche Fernand Mischler und Pascal Bastian.

Restaurant

Auberge du Cheval Blanc
4, rue de Wissembourg
Tel. 03 88 94 41 86
www.au-cheval-blanc.fr
Die Küche zählt zu den besten im Elsass, und das gepflegt-gemütliche Ambiente trägt zusätzlich zur Gastlichkeit des Lokals bei. ●●●

*Château de Fleckenstein 9

Die mächtigste Ruine im nördlichen Elsass ist die 340 m hoch gelegene Burg Fleckenstein, von deren Zinnen der Blick weit über die grüne Landschaft des Nordelsass reicht. Im Mittelalter galt sie zwar als uneinnehmbar, wurde 1680 aber durch französische Truppen

Von den Zinnen der Burg Fleckenstein hat man einen herrlichen Ausblick

zerstört. Gänge, Treppen und ganze Wände sind direkt aus dem Felsen geschlagen, wo nötig ergänzte man Mauerwerk. Jahr für Jahr lassen sich bis zu 100 000 Burgenfans von der Anlage mit ihrem viereckigen Turm und den unterirdischen Räumen ins Mittelalter versetzen (67510 Lembach, Tel. 03 88 94 28 52, www.fleckenstein.fr, Mitte März–Ende Juni und Sept.–Anfang Nov. 10–17.30 Uhr, Juli/Aug. bis 18 Uhr).

Wasigenstein ⑩

Nördlich von Obersteinbach liegt die immer noch imposante, frei zugängliche Ruine der Doppelburg Wasigenstein, die früher zum kaiserlichen Lehen gehörte. Der gesamte, auf einem Felssporn gelegene Komplex ist durch eine Kluft in zwei Teile getrennt. Erstmals erwähnt wurde die Burg

in der zweiten Hälfte des 13. Jhs. (www.burginfo.de/wasigenstein. htm).

Niederbronn-les-Bains ⑪

Schon die Römer nutzten die Heilkraft der beiden 18 °C warmen Quellen Source Romaine und Source Celtique. Deren Wasser verschafft heute Gästen des **Etablissement Thermal** (place des Thermes, Tel. 03 88 80 30 70, www.curethermale.com) Linderung bei rheumatischen und degenerativen Beschwerden. Nachweise über die lange Geschichte der Heilquellen findet man im **Maison de l'Archéologie.** Prachtstück der Ausstellungen ist eine römische Merkur-Stele aus Buntsandstein (44, ave. Foch). Wer Amüsement im Sinn hat, findet es im **Kasino.**

In Graufthal wurden die Häuser
in den Fels hineingebaut

Burg Falken-
stein 12

Wahrscheinlich im 12. Jh. erbaut,
residierten in späteren Jahrhunderten die Herren von Falkenstein
auf der Burg. Nach einem durch
Blitzschlag verursachten Brand
1564 blieb nur ein Teil der Anlage
erhalten. 1677 wurde der Rest von
französischen Truppen geschleift.
Der Zutritt zur Burg ist seit 1999
verboten, aber im Vorhof kann
man sich einen Eindruck vom
trutzigen Ensemble verschaffen.

Bitche 13

Auf eine bewegte Baugeschichte
blickt die schon von Weitem
sichtbare **Zitadelle** in Bitche zurück. Sie wurde nach Plänen des
berühmten Festungsbaumeisters

Vauban angelegt, aber schon kurz
nach ihrer Vollendung geschleift
und im 18. Jh. erneut hochgezo-
gen. Interessant sind hauptsächlich die unterirdischen Kasematten und die gigantischen Mauern
und Wälle (www.ville-bitche.fr).

Info

Office de Tourisme du Pays
de Bitche
4, glacis du Château
Tel. 03 87 06 16 16
www.bitcherland.de

Hotel

Le Relais des Châteaux Forts
6, quai Edouard Branly
Tel. 03 87 96 14 14
www.hoteldurelais-bitche.com
Das Zwei-Sterne-Hotel liegt idyllisch im
Grünen umgeben von Wald und Wiesen. Das Haus verfügt über 30 Zimmer
und ein Restaurant und bietet kostenlosen WLAN-Zugang. ●

Restaurant

Le Strasbourg
24, rue du Colonel Teyssier
Tel. 03 87 96 00 44
www.le-strasbourg.fr
Die herausragenden Kreationen
von Küchenchef Lutz Janisch erhiel-
ten bereits mehrere Auszeichnungen
durch kulinarische Institutionen, und
sein Restaurant darf sich nun auch mit
einem Michelinstern schmücken. ●●●

Simserhof 14

Rund 3 km von Bitche entfernt,
befindet sich mit dem Simserhof
das wohl bedeutendste Artille-
riewerk der französischen Magi-

not-Linie. Dieser Verteidigungswall entstand im Wesentlichen in den 1930er-Jahren auf Betreiben der Regierung in Paris, um die französisch-deutsche Grenze gegen Invasoren zu schützen. Simserhof besteht aus zehn Bunkern, einer unterirdischen Kaserne und zahlreichen Geschützstellungen. Besucher können im Informationszentrum einen Film über die Anlage sehen und mit Elektrowagen eine Rundfahrt durch das Fort unternehmen (www.simserhof.fr, Mitte März–Mitte Nov. tgl. außer Mo 10–17, Juli u. Aug. auch Mo bis 18 Uhr).

*La Petite Pierre 🄖

Auf dem Weg in das kleine Feriendorf (620 Einw.) durchquert man den Vogesen-Naturpark von Nord nach Süd. Das Dorf liegt auf einem Felssporn, dessen äußerste Spitze von einem **Château** bewacht wird. Seine Entstehungsgeschichte lässt sich bis ins Mittelalter zurückverfolgen; wesentliche Bauteile stammen aber aus späteren Zeiten. Heute werden die Räume von der Verwaltung des Naturparks Nordvogesen genutzt (Maison du Parc, Tel. 03 88 01 49 59, www.parc-vosges-nord.fr).

Graufthal 🄗

Waldarbeiter und Tagelöhner schlugen im 18. Jh. aus einer weit überhängenden Sandstein-

felswand primitive Räume heraus, die sie als Wohnungen nutzten. Später wurden sie mit Vorbauten und Ziegeldächern ergänzt. Zu Beginn des 19. Jhs. sollen über zwei Dutzend Menschen diese Höhlenwohnungen genutzt haben, die 1958 von der letzten Bewohnerin aufgegeben wurden. Die hinter blau getünchten Fassaden liegenden Räumlichkeiten wurden in ein kleines **Museum** umfunktioniert, das man besichtigen kann (Öffnungszeiten im Aug. tgl., Führungen jeweils Di 15 Uhr. Sonst kann man durch die Fenster ins Innere blicken).

St-Jean-Saverne 🄘

Kurz vor Saverne kann man in der Gemeinde eine romanische **Pfeilerbasilika** mit bemerkenswerter Bauplastik besichtigen. Die dreischiffige Klosterkirche der ehemaligen Benediktinerabtei hat drei Apsiden, aber kein Querhaus.

*Saverne 🄙

Das attraktive Städtchen römischen Ursprungs (11 500 Einw.) ist als bequemer Übergang über den schmalen Vogesenkamm bekannt. Beherrschendes Bauwerk ist das **Château des Rohan,** das von Kardinal Louis-René de Rohan 1779 in Auftrag gegeben wurde. Napoléon III. machte aus dem Feudalsitz eine Bleibe für die Witwen verdienstvoller Staats-

Blick auf Saverne

diener. Später nutzte man das Schloss als Kaserne. Die monumentale Parkfront aus Buntsandstein mit ihren korinthischen Kolossalsäulen öffnet sich zum Rhein-Marne-Kanal. Die Innenräume werden von den Städtischen Museen mit Sammlungen zur Archäologie, Kunst- und Stadtgeschichte genutzt (tgl. außer Di 14–18 Uhr).

Neben dem Schloss erhebt sich der **Cagliostro-Turm,** in dem der italienische Hochstapler Giuseppe Balsamo, genannt Cagliostro, zweifelhafte alchemistische Experimente durchgeführt haben soll.

Mitten durch Saverne führt der **Rhein-Marne-Kanal,** auf dem viele Flusstouristen verkehren. Nur Schritte vom Schloss entfernt können Schaulustige **aus nächster Nähe die Schleusenmanöver der Kanalschiffer verfolgen.**

Echt gut!

Vor über 100 Jahren entstand der Saverner **Rosengarten,** der mit über 8000 Sträuchern und ca.

550 unterschiedlichen Sorten zu den größten in ganz Frankreich zählt (www.roseraie-saverne.fr, Ende Mai–Anfang Sept. 10–19, Anfang–Ende Sept. 10–18 Uhr).

Wegen der herrlichen Aussicht auf Saverne und Umgebung auch »das Auge des Elsass« genannt, entstand im 18. Jh. südwestlich der Stadt die auf drei Felsen liegende Burg **Haut-Barr.** In einem Fachwerkgebäude befindet sich ein Restaurant (ganzjährig freie Besichtigung).

Info

Office de Tourisme
37, Grand' Rue
Tel. 03 88 91 80 47
www.ot-saverne.fr

Hotels

■ **Chez Jean**
3, rue de la Gare
Tel. 03 88 91 10 19
www.chez-jean.com
Bewährtes Logis-de-France-Haus mit 25 Zimmern, guter Winstub, Radverleih und Gepäcktransport für Wanderer. ●●

■ **Hôtel National**
2, Grand' Rue][**Tel. 03 88 91 14 54**
www.hotel-national-saverne.com
2-Sterne-Haus mit einfach ausgestatteten Zimmern im Stadtzentrum. ●

Camping

Camping de Saverne
rue du Père Liebermann
Tel. 03 88 91 35 65
www.campingsaverne.com
Flacher, von Bäumen bestandener 3-Sterne-Platz mit 145 Parzellen an der Straße zur Burg Haut-Barr.

Restaurant

Taverne Katz

80, Grand' Rue][Tel. 03 88 71 16 56
www.tavernekatz.com
Traditionslokal hinter einer Fachwerkfassade. In der wunderschönen Gast-
stube wird schmackhafte elsässische
Küche serviert. ●●—●●●

Aktivitäten

L'Océanide

10, rue du Centre Nautique
Tel. 03 88 02 52 80
http://oceanide.cc-saverne.fr
Attraktives Badezentrum mit Innen-
und Außenanlagen (in der Hochsaison
Mo–Do 10–20, Fr bis 21, Sa bis 18,
So 9–17 Uhr, sonst kürzer).

*Schiffshebe- werk St-Louis/ Arzviller 19

1969 eröffnet, ersetzte das riesige
Schiffshebewerk gleich 17 tech-
nisch veraltete Schleusen. Statt
Lastkähnen fahren heute hauptsächlich Freizeitkapitäne mit
Mietschiffen in die riesige Bade-
wanne und lassen sich durch die
in Europa einmalige Anlage in
eine Höhe von fast 45 m hieven.
Über die Jahre hat sich dieses
technische Wunder zu einer
derart zugkräftigen Touristen-
attraktion entwickelt, dass hier
ein Informationszentrum entstand und Führungen angeboten
werden (www.plan-incline.com,
April und Okt. 10–11.45 und
13.30–16.45, Mai, Juni und Sept.
9.45–11.45 und 14–17.30, Juli u.
Aug. 10–17.45 Uhr).

Dabo 20

Auf dem mächtigen Sandsteinfelsen Rocher du Dabo thronte einst
die Dachsburg, die 1677 auf Be-
fehl des Sonnenkönigs Louis XIV.
abgerissen wurde. Grund: Besitzer Herzog von Leiningen wollte
nach dem Westfälischen Frieden
nicht anerkennen, dass das Elsass
jetzt ein Teil Frankreichs war. Die
heute existierende Kirche erinnert
an den elsässischen Papst Leo IX.
(1049–1054), dessen mit dem
Grafen Hugo von Egisheim ver-
heiratete Mutter Heilwig von der
Dachsburg stammte.

*Marmoutier 21

Das **Kloster** von Marmoutier
zählt zu den mächtigsten Abteien
im Elsass. Es existierte bereits im

Seitenschiff der Abtei Marmoutier

71

6. Jh. und bestand bis zur Französischen Revolution. Während der Westbau um die Mitte des 12. Jhs. entstand, zeigt das Langhaus im Wesentlichen bereits gotische Stilelemente der Frühzeit. Nur der Chor, wenn auch in gotischen Formen errichtet, ist eine Zugabe des 18. Jhs.

Die Westfassade bildet den Inbegriff formaler Ausgewogenheit und klarer Strukturierung. Sie wird von den beiden Türmen begrenzt, die oben in Achtecke übergehen. Lisenen, Rundbogenfriese und Blendarkaden unterteilen die Fläche in klare Wandfelder. Das Innere spiegelt den stilistischen Einfluss des Straßburger Münsters und verschiedene Stilstufen der Gotik wider. Albert Schweitzer spielte hier gelegentlich die Silbermann-Orgel (Kirche: tgl. 9–16 Uhr, www.paysdemarmoutier.com).

Wangenbourg-Engenthal 22

Die über eine reizvolle Berglandschaft verstreute Ortschaft bildet das Zentrum der sogenannten »Elsässischen Schweiz«. Einziges Überbleibsel einer im 13. Jh. errichteten Burg ist ein fünfeckiger **Bergfried,** von dessen Aussichtsplattform man den Blick ins Umland genießen kann (19–8 Uhr geschlossen). In der Gegend gibt es viele Ferienhäuser zu mieten (www.suisse-alsace.com).

Südlich des Doppelortes liegt in einem Waldgebiet mit dem **Château du Nideck** eine im 13. bzw. 14 Jh. entstandene Burg, von der nach einem Feuer im Jahr 1636 nur zwei Türme übrig blieben. In der Ballade »Das Riesenspielzeug« griff der deutsche Dichter Adalbert von Chamisso eine lokale Sage auf, derzufolge auf Burg Nideck Riesen gelebt haben sollen. Wanderer können auf einem markierten Weg einen Ausflug zur **Cascade du Nideck** machen, einem 25 m hohen Wasserfall.

Hotel

Parc Hôtel
39, rue du Général de Gaulle
Tel. 03 88 87 31 72
www.parc-hotel-alsace.com
Im Park eingebetes Drei-Sterne-Hotel mit geschmackvoll eingerichteten Zimmern, Sportangebot, Schwimmbad, Sauna und Feinschmeckerlokal. ●●●

Camping

Camping Les Huttes
rte du Nideck
Tel. 03 88 87 34 14
Am Waldrand gelegener 2-Sterne-Platz (April–Mitte Okt.).

Marlenheim 23

Seit langem gilt der 15 km westlich von Straßburg liegende Ort (3500 Einw.) als nördlicher Beginn der Route des Vins. Die ältesten, aus dem 6. Jh. stammenden schriftlichen Zeugnisse über elsässischen Weinbau bekunden die Existenz von Weinbergen um Marlenheim. An der mitten durch die Gemeinde führenden Rue du

Général de Gaulle und in krummen Gassen der Umgebung stehen zahlreiche mit Türmchen und Erkern geschmückte Fachwerkhäuser im Renaissancestil. Das Kaufhaus auf dem Marktplatz geht auf das 18. Jh. zurück.

Le Cerf
30, rue du Général de Gaulle
Tel. 03 88 87 73 73
www.lecerf.com
Die ehemalige Poststation im Fachwerkstil wurde in ein hübsches Boutiquehotel verwandelt. Die modern eingerichteten Zimmer haben Bäder mit separatem WC, Kabel- oder Satelliten-TV mit Flachbildschirm und WLAN. Zum Haus gehört ein Restaurant mit ausgezeichneter Küche. ●●●

Avolsheim 24

Die **Chapelle St-Ulrich** ist ein kleiner, wahrscheinlich als Taufkirche errichteter Zentralbau und geht vermutlich auf das Jahr 1000 zurück. Außen wurde sie mehrfach verändert, aber im Inneren blieben romanische Wandmalereien erhalten, deren Szenen von Kunsthistorikern bislang nicht eindeutig zugeordnet werden konnten.

Südlich des Dorfes steht inmitten eines Friedhofs die dreischiffige **Basilika Dompeter.** Vermutlich begann man Anfang des 11. Jhs. mit den Bauarbeiten. Im Jahr 1049 weihte Papst Leo IX. die Kirche ein. Der mächtige Westturm kam erst im 18. Jh. hinzu.

Molsheim 25

Ein beliebtes Fotomotiv im mittelalterlichen Städtchen (12 000 Einw.) ist die **Metzig,** das ehemalige Zunfthaus der Metzger. Der Renaissancebau mit dem auffallend großen Volutengiebel besitzt eine doppelläufige symmetrische Außentreppe.

Legendäre Sportwagen aus dem Elsass

Für Automobilfans ist Molsheim ein klingender Namen. Der Grund dafür ist der geniale Mailänder Autobauer Ettore Bugatti (1881–1947), der bereits zu Beginn des 20. Jhs. zusammen mit dem Straßburger Erfinder Emile Mathis an einem Kraftfahrzeug bastelte. 1908 gründete Bugatti am südlichen Stadtrand von Molsheim eine eigene Firma, aus der sich in den folgenden Jahrzehnten die Bugatti-Werke entwickelten, die heute im Nachbarort Dorlisheim liegen und zum VW-Konzern gehören. Mit dem Bugatti Veyron 16.4 wird dort mittlerweile einer der schnellsten Sportwagen der Welt hergestellt, ein 16-Zylinder-Kraftprotz mit einer maximalen Leistung von 736 kW und einer geradezu unglaublichen Beschleunigung von 0 auf 100 km/h in 2,5 Sekunden. Das Rennwagengeschäft hat in Molsheim Tradition. Ettore Bugatti konstruierte bereits in den 1930er-Jahren Boliden, mit denen seine Piloten zweimal das 24-Stunden-Rennen von Le Mans gewannen (www.bugatti.com).

Außerhalb des mittelalterlichen Stadtkerns steht die 1618 noch in gotischen Formen erbaute **Jesuitenkirche**.

Das nahe gelegene ehemalige Kartäuserpriorat beherbergt das **Musée de la Chartreuse** mit Ausstellungen zu Archäologie, Kunst, Geschichte und Religion sowie die Fondation Bugatti (s. auch den Exkurs auf S. 73), in der die Industriegeschichte des Orts dokumentiert wird (4, Cour des Chartreux, Di geschlossen, www.chartreuse-molsheim.info).

Echt gut!

Hotels

■ **Hôtel Diana**
14, rue Ste-Odile
Tel. 03 88 38 51 59
www.hotel-diana.com/de/
Eine Top-Adresse für Anspruchsvolle mit geschmackvoll modern eingerichteten Zimmern. Die Küche bietet exquisite Gerichte. Gästen stehen ein Hallenbad mit Wasserstrahlmassagen und ein Spa zur Verfügung.
●●●

■ **Hôtel du Centre**
1, rue St-Martin
Tel. 03 88 38 54 50
www.hotelrestaurant-centre.biz
Ordentliches Haus der Logis-de-France-Kette mit gut ausgestatteten Zimmern ohne großen Komfort, aber mit Garten. ●

Aktivitäten

Bei einem Gang auf dem Weinlehrpfad Bruderthal kann man die besten Grand-Cru-Lagen von Molsheim kennen lernen (kein Zutritt während der Weinlese, die vom 1. Sept.–31. Okt. stattfindet).

Mutzig 26

Das noch vor dem Ersten Weltkrieg von Kaiser Wilhelm II. zum Schutz der Rheinebene erbaute **Fort de Mutzig** war seinerzeit die größte und modernste Festungsanlage in Europa. Erstmals wurde als Baumaterial Beton verwendet, Generatoren sorgten für die Stromerzeugung, und eine dezentrale Anordnung der Verteidigungseinrichtungen sollte sie uneinnehmbar machen. Ihren militärischen Nutzen musste die Anlage jedoch nie ernsthaft beweisen (www.mutzig.net).

Rosheim 27

Im zwischen Rebstöcken und Hopfenfeldern gelegenen Straßendorf gilt ***St-Pierre-et-St-Paul** aus der Mitte des 12. Jhs. als eine der schönsten romanischen Kirchen im Elsass. Kunstvolle Skulpturen schmücken den Bau in einem warmen Gelbton. Unter Dachtraufen und Gesimsen fällt der umlaufende Rundbogenfries auf. An der Hauptapsis sind Reliefs vermauert, die die vier Evangelistensymbole darstellen; am Ansatz der Giebelschrägen der Westfassade sitzen Löwenfiguren. Ungeklärt ist die Bedeutung der vier Gestalten am Vierungsturm, die sich auch an der Kirche von Guebwiller (› S. 103) finden.

Das Innere wirkt im Vergleich zum Außenbau gedrungen und schwer. Das Kreuzgewölbe ruht auf schweren Rippen, die auf Konsolen enden.

Ein malerisches Ensemble bilden die Häuser um das Rathaus. Auf der Place du Marché steht einer der für das Elsass typischen **Sechseimerbrunnen**. Von der **Stadtbefestigung** sind noch einige Türme erhalten.

Eine Rarität ist das romanische Wohnhaus, das wohl aufgrund seines Alters als Heidenhaus, **Maison Païenne,** bezeichnet wird: ein Wohnturm, der um 1200 entstanden sein dürfte.

nen sehr aufwändig gestalteten Aufsatz, an dem die Seilwinde befestigt ist. Der Brunnen steht an der **Place de l'Hôtel de Ville** und wurde 1617 von Jacob Zumsteg geschaffen, auf den auch der Brunnen in Rosheim zurückgeht. Umgeben ist er von schmucken Fachwerkhäusern und dem Rathaus.

Restaurant

Chatelain
41, rue Monseigneur Médard Barth
Tel. 03 88 95 83 33
Mo und Di mittags geschl.
Rustikale Weinstube im Zentrum von Boersch. Im Keller werden Proben des jeweils neuen Jahrgangs offeriert. ●●

Info

Office de Tourisme
94, rue du Général de Gaulle
Tel. 03 88 50 75 38
www.rosheim.com

Hotels

■ Hostellerie du Rosenmeer
45, av. de la Gare
Tel. 03 88 50 43 29
www.le-rosenmeer.com
Die 20 Zimmer des kleinen Hotels sind in warmen Farben gestaltet. In der urgemütlichen Winstub dominiert solide Küchenkunst. So/Mo Ruhetag. ●●

■ Hotel Alpina
7, ave. Foch
Tel. 03 88 50 49 30
www.alpina-hotel.de
Kleiner Familienbetrieb mit einfachen, sauberen Zimmern und privatem Parkplatz. ●●

Boersch 28

Im eher verschlafen wirkenden Dorf Boersch steht einer der schönsten ***Renaissancebrunnen** des Elsass: Drei Säulen tragen ei-

Renaissancebrunnen in Boersch

2 **Obernai** 29

Das touristische Zentrum der nördlichen Weinstraße liegt am Fuß des Odilienberges. Zwar wimmelt es von Souvenirläden und Weinstuben, und meist ist Obernai recht überfüllt, doch bleibt es die schönste Stadt weit und breit mit ihrer fast komplett erhaltene Stadtmauer. Über lange Zeit war sie eine der Residenzen der elsässischen Herzöge. Die hl. Odilia soll hier geboren worden sein. Mittelpunkt ist die von einer Reihe sehenswerter Bürgerhäuser eingerahmte **Place du Marché.** Ein kleiner Erker und ein Balkon schmücken das Rathaus (16./frühes 17. Jh.). Im ehemaligen, nach einem Brand renovierten Getreidespeicher **Ancienne Halle aux Blés** von 1554 wurde im ursprünglich offenen Erdgeschoss

Fleisch verkauft. Hinter dem Rathaus ist als Rest einer 1873 abgerissenen gotischen Kirche der 60 m hohe **Tour de la Chapelle** übrig geblieben. Er diente der Stadt als Wachturm.

Obernai hat außerdem einen *Sechseimerbrunnen** (1579). Er steht an der Einmündung der Rue du Chanoine Gyss in die Hauptstraße und zeigt strenge Renaissanceformen: Die Säulen tragen einen polygonalen Baldachin mit Sterngewölbe, oben steht ein Putto mit dem Habsburgerwappen.

Außerhalb der Stadtmauer befindet sich die neugotische Kirche **St-Pierre-et-St-Paul.** Sie ist nach dem Straßburger Münster das größte Gotteshaus im Elsass.

Info

Office de Tourisme
place du Beffroi
Tel. 03 88 95 64 13
www.obernai.fr

Hotels

■ **Hôtel à la Cour d'Alsace**
3, rue de Gail
Tel. 03 88 95 07 00
www.cour-alsace.com
Früher diente das Bed & Breakfast-Hotel einem Edelmann als Herrenhaus und Weinkeller. Heute sorgt das Haus mit seiner **traditionellen Einrichtung aus der Region** für viel Atmosphäre, Wärme und Geborgenheit. ●●●
■ **Hostellerie des Châteaux**
11, rue des Chateaux][Ottrott
Tel. 03 88 48 14 14
www.hostellerie-chateaux.fr
Am Waldesrand gelegenes Nobelhotel mit stilvoll eingerichteten Zimmern

St-Pierre-et-St-Paul in Obernai

und Appartements, Spa, Schwimmbad und Fitness-Einrichtungen. ●●●

■ Le Colombier

6/8 rue Dietrich

Tel. 03 88 47 63 33

www.hotel-colombier.com

Modern restauriertes Fachwerkhaus mit großzügigen Zimmern in farbenfrohem Design, direkt in der Altstadtmitte gelegen. ●●–●●●

Restaurants

■ La Fourchette des Ducs

6, rue de la Gare

Tel. 03 88 48 33 38

So Abend und Mo geschl.

Sternekoch Nicolas Stamm sorgt in seinem Edellokal mit Fantasie und Können für kulinarische Hochgenüsse. ●●●

■ Zum Schnogaloch

18, pl. de l'Etoile

Tel. 03 88 95 54 57

http://zum.schnogaloch.free.fr

Mo und Do abends geschl.

Hotelrestaurant im Fachwerkstil mit bodenständigen Gerichten. ●

Nightlife

Byblos

20, rue Marché

Tel. 03 88 95 39 30

Di–Sa ab 22 Uhr

Disco mit einem Mix von Musikstilen.

Aktivitäten

Maison Fritz Schmitt

1, rue des Châteaux

Ottrott-le-Haut

Tel. 03 88 95 98 06

In diesem Winzerbetrieb kann man den von Kennern geschätzten Rotwein Rouge d'Ottrott, eine elsässische Rarität, probieren; tgl. 9–18 Uhr.

*Mont Ste-Odile 30

Der Legende nach gründete die hl. Odilia, einzige Tochter des elsässischen Herzogs Eticho, auf dem Berg ein Kloster. Berühmtheit erlangte die im 12. Jh. angefertigte illustrierte Handschrift »Hortus delicarium« der Äbtissin Herad von Landsberg. Das Original verbrannte zwar 1870 in Straßburg, doch blieben mehrere Kopien erhalten. Das Kloster wurde nach mehreren Bränden im Jahr 1546 aufgegeben, später aber wiederaufgebaut. Die Klosterkirche entstand auf den Ruinen einer romanischen Kirche. Zentrum der Wallfahrt zur Schutzpatronin des Elsass ist die Grabkapelle der hl. Odilia, die **Chapelle Ste-Odile** (11. Jh.). Die anschließende **Chapelle de la Croix** birgt den leeren Sarkophag des Vaters der Heiligen. Die **Chapelle des Larmes** sowie die **Chapelle des Anges** mit Mosaiken stehen inmitten des merowingischen Friedhofs.

Bei schönem Wetter bietet sich von der Terrasse ein weiter Ausblick auf die Umgebung. Echt gut!

In keltischer Zeit diente der Odilienberg als Fluchtburg. Noch heute umgibt ihn z. T. eine ca. 10 km lange und durchschnittlich 1,80 m dicke Mauer aus Natursteinen. Stellenweise ist die ***Mur païen** 3 m hoch. Deutlich erkennbare Einkerbungen zeigen, dass einst hölzerne Schwalbenschwänze die einzelnen Steine verbanden. Der Zugang ist ausgeschildert.

*Struthof 🗟

Das ehemalige Konzentrationslager Struthof war keineswegs das einzige Internierungslager, wohl aber das einzige Vernichtungslager auf französischem Boden. 1940 ließ die deutsche SS an diesem abgelegenen, der Witterung schonungslos ausgesetzten Vogesenhang das KZ errichten, in dem bis zur Befreiung rund 17 000 Menschen dahinvegetierten und viele unter entsetzlichen Umständen starben. Mediziner aus Deutschland führten im Forschungsinteresse der »Reichsuniversität Straßburg« grausame Menschenversuche unter anderem mit Giftgas und Typhusviren durch. Kurz vor der Befreiung des Lagers wurden die Häftlinge nach Dachau verlegt. Baracken, Wachtürme, Stacheldraht und die Gaskammern sind noch zu sehen.

Am Eingang des Geländes eröffnete Präsident Chirac am 3. Nov. 2005 das **Centre Européen du Résistant Déporté** zum Gedenken an die deportierten Widerstandskämpfer gegen das Nazi-Regime. Ein **Museum** informiert über die schreckliche Vergangenheit des KZ (www.struthof.fr; März–Mitte April und Mitte Okt.–24. Dez. 9–17, Mitte April–Mitte Okt. 9–18.30 Uhr).

*Col du Donon 🗟

Der bewaldete Berg (1009 m) markiert den Südrand der Sandsteinvogesen. Hier entspringen die beiden Quellflüsse der Saar: die Rote und die Weiße Saar. Schon die Kelten errichteten auf dem Gipfel ein Heiligtum, Römer und Franken folgten ihrem Beispiel. Die auf dem Berg gemachten Funde sind im Musée Archéologique in Straßburg ausgestellt.

Von der Passhöhe führt eine <mark>schöne, rund 90-minütige Wanderung auf den Gipfel des Donon.</mark> Wer auf der D 993 bis zum Parkplatz weiterfährt, braucht nur noch rund 25 Minuten zu gehen, um zum Tempel auf dem Gipfelplateau – eine Neuschöpfung aus dem Jahr 1869 – zu gelangen.

Barr 🗟

Die kleine Industriestadt (6000 Einw.) liegt unmittelbar an der Weinstraße und wirkt im Vergleich zu Obernai schlicht. Viel von der alten Bausubstanz fiel 1678 einem Großbrand zum Opfer. Einiges vom Ensemble rund um den Marktplatz, wie das **Rathaus** von 1640 und der Chorturm (um 1200) der Kirche **St-Martin**, blieb verschont.

Elsässische Wohnkultur wird im **Musée de la Folie Marco** präsentiert, einst das Wohnhaus des Vogts des herzoglichen Guts von Barr, Louis-Félix Marco (www.barr.fr; Juli–Sept. tgl. außer Di 10–12, 14–18 Uhr, Mai, Juni u. Okt. nur Sa u. So).

*Andlau 🗟

Der Ort liegt an dem gleichnamigen Flüsschen unterhalb der **Spesburg** und der **Feste Hoh-Andlau**.

Dieser Stammsitz der Grafen von Andlau war bis 1806 die letzte bewohnte Burg im Elsass. Beide Ruinen sind frei zugänglich.

Andlau selbst sucht man vor allem wegen seiner *Abteikirche auf. 880 gründete Richardis, die Gemahlin des deutschen Kaisers Karl des Dicken, hier ein Kloster. Der Legende nach hatte eine Bärin Richardis den Platz für den Bau gezeigt. Herausragende Details der im 17. Jh. größtenteils neu erbauten Abteikirche sind eine frühromanische Krypta von beachtlicher Größe sowie Teile des Chors aus demselben Zeitraum.

Beim Skulpturenschmuck des Westwerks handelt es sich um ein Hauptwerk romanischer Plastik im Elsass: Ein fast 30 m langer Fries zeigt in 48 Einzeldarstellungen u.a. volkstümliche Szenen, Tiere und Kämpfe. Im Bogenfeld des Portals thront Christus, der Schlüssel und Buch an Petrus und Paulus übergibt. Im Türsturz ist die Geschichte von Adam und Eva dargestellt.

Hotel

Le Manoir
11, rue St- Marc][**Barr**
Tel. 03 88 08 03 40
www.hotel-manoir.com
Das 1925 erbaute ehemalige Lustschlösschen einer reichen Winzerfamilie liegt in einem umzäunten Garten. Im Innern machen die 18 Zimmer und der stilvolle Frühstücksraum mit Eichenparkett und hohen Stuckdecken im Stil der Belle Epoque einen fürstlichen Eindruck. ●●

Dambach-la-Ville 35

Das Dorf besitzt einen reizvollen Ortskern und in der **Chapelle St-Sébastien** einen eindrucksvollen Barockaltar. Ein ca. 50-minütiger Spaziergang führt von der Kapelle hinauf zur Burgruine Bernstein auf einem schmalen Berggrat. Sie gehörte erst den Grafen von Egisheim und war dann Sitz der bischöflichen Verwaltung, bevor sie im Dreißigjährigen Krieg zerstört wurde. Den Aufstieg belohnen der Blick auf die Reste des fünfeckigen Bergfrieds und vor allem die Aussicht über die Ausläufer der Vogesen.

Echt gut!

Blick auf Dambach-la-Ville

79

Colmar und das südliche Elsass

Nicht verpassen!

- Bei einem Bummel durch das reizende Klein-Venedig in Colmar das romantische Flair der Altstadt genießen
- Im Automobilmuseum in Mulhouse Oldtimerstars aus Lack und Blech bestaunen
- Sich an der Route des Crêtes in einer Ferme-Auberge eine traditionelle Melkersmahlzeit schmecken lassen

Zur Orientierung

Haus für Haus wurde die Altstadt von **Colmar** über Jahrzehnte behutsam restauriert. Was so entstand, halten manche für die schönste Stadt im Elsass. Den einen oder anderen beschleicht im romantischen Viertel La Petite Venise das Gefühl, sich in ein lebendiges Freilichtmuseum verirrt zu haben, besonders wenn man an einem lauen Sommerwochenende inmitten des bunt gemischten Touristenstroms an Kanälen entlang, an Kirchen und Fachwerkschönheiten und gepflegten Bürgerhäusern vorbei, durch die gepflasterten Altstadtgassen flaniert.

Ganz in der Nähe liegen an der elsässischen Weinstraße berühmte Winzerorte wie **Riquewihr** und **Ribeauvillé,** in deren Kopfsteinpflastergassen zwischen wunderschönen Fachwerkfassaden aus dem 16. und 17. Jh. mittelalterliches Flair herrscht. Dazu passt auch der idyllische Ortskern von **Eguisheim** und die auf einer Bergspitze thronende **Haut-Kœnigsbourg,** von deren Zinnen man weit über die Rheinebene und ins benachbarte Städtchen **Sélestat** blickt, wo alte Tortürme und Reste von Stadtbefestigungen ebenfalls an längst vergangene Zeiten erinnern.

Am südlichen Ende der Weinstraße erreicht man am Eingang zum Thur-Tal das zwischen Weinbergen eingebettete **Thann** mit seinem sehenswerten Münster. Von dort ist es nur noch ein Katzensprung in die südelsässische Museumsmetropole **Mulhouse,** die sich in ihrem Kern um die Place de la Réunion mit Delikatessengeschäften, Antikläden und Modeboutiquen auch zum Einkaufen anbietet.

Still wird es Richtung Schweizer Grenze im abgelegenen **Sundgau,** einer lieblichen Landschaft mit saftigen Wiesen, Obstbäumen, Wäldern sowie Seen und Flüsschen. In diesem provinziellen Landstrich gibt es mittelalterliche Burgruinen wie in **Ferrette,** ein interessantes Regionalmuseum in **Altkirch,** Kunst und Kultur in **St-Louis** und mit **La Petite Camargue** ein Naturschutzgebiet mit vielen Vogelarten.

Eine völlig andere Seite des Elsass lernt man entlang der **Route des Crêtes** kennen, die sich vom Col de Bagenelles im Norden bis Cernay im Süden auf dem Vogesenkamm erstreckt. Für Sport und Aktivitäten unter freiem Himmel herrschen dort beste Voraussetzungen. Wer es geruhsamer angehen will, kehrt erst einmal in einer Ferme-Auberge ein, die vor allem in den Vogesen zu finden sind, und genießt ihre kulinarischen Angebote. Zu den traditionellen Klassikern zählt die nicht unbedingt kalorienarme Melkersmahlzeit, die vielerorts aufgetischt wird.

Touren in der Region

Im Reich der edlen Tropfen

━9━ Colmar › Eguisheim › Turckheim › Kaysersberg › Riquewihr › Hunawihr › Ribeauvillé › Haut-Kœnigsbourg

Länge: ca. 50 km
Dauer: 2–3 Tage
Praktische Hinweise: Von Ostern bis Allerheiligen fährt eine Touristenbahn durch Colmar (Abfahrt beim Unterlinden-Museum tgl. 9–17 Uhr). Auf ähnliche Weise kann man Eguisheim, Riquewihr und Ribeauvillé besichtigen.

Colmar › S. 86, die fußgängerfreundliche Stadt mit ihrem wunderbaren Altstadtkern, ist über die Grenzen des Landes hinaus als elsässisches Schmuckkästchen bekannt. Krumme Gassen führen an Jahrhunderte alten Fachwerkfassaden vorbei, auf belebten Plätzen werfen stolze Kirchtürme ihre Schatten auf das Pflaster, und im Romantikviertel Petite Venise trägt statt der Gerberei heute der Tourismus zum Broterwerb der Menschen bei. Wer nach einer Altstadttour Lust auf charmante Winzerdörfer hat, braucht nur die kurze Strecke nach ****Eguisheim › S. 92 zu fahren, wo sich zwischen den Rebbergen entzückende Häuser um das Ortszentrum scharen. Das reizende **Turckheim**

› S. 94 am Eingang zum Munstertal sorgt in der warmen Jahreszeit sogar nachts für eine Attraktion: Ein Nachtwächter führt dann Besucher durch die Straßen. In ****Kaysersberg ›** S. 95 kam der Tropenarzt und Friedensnobelpreisträger Albert Schweitzer in einem Anwesen zur Welt, das als Museum über sein Leben Auskunft gibt. Zu den berühmtesten Weinorten an der Route des Vins gehören ****Riquewihr ›** S. 95 und ***Ribeauvillé ›** S. 96, die wie lebendige Museumsdörfer herausgeputzt sind. Zwischen ihnen liegt **Hunawihr ›** S. 96 mit einer Wehrkirche, deren Turm schon von Weitem sichtbar über die grüne Reblandschaft hinausragt. Die Tour endet mit einem Ausflug in die mittelalterlichen Rittersäle der ***Haut-Kœnigsbourg ›** S. 98.

Panoramatour auf dem Vogesenkamm

━10━ Thann › Vieil Armard › Grand Ballon › Le Markstein › Hohneck › Gérardmer › Col de la Schlucht › Lac Blanc/Lac Noir › Col du Bonhomme › Ste-Marie-aux-Mines

Länge: ca. 100 km
Dauer: 2 Tage
Praktische Hinweise: Am besten befährt man die Route in Süd-Nord-Richtung, um die Sonne im Rücken zu haben. Im Winter ist die Strecke bis auf einen Abschnitt zwischen Col de la Schlucht und Hohneck gesperrt.

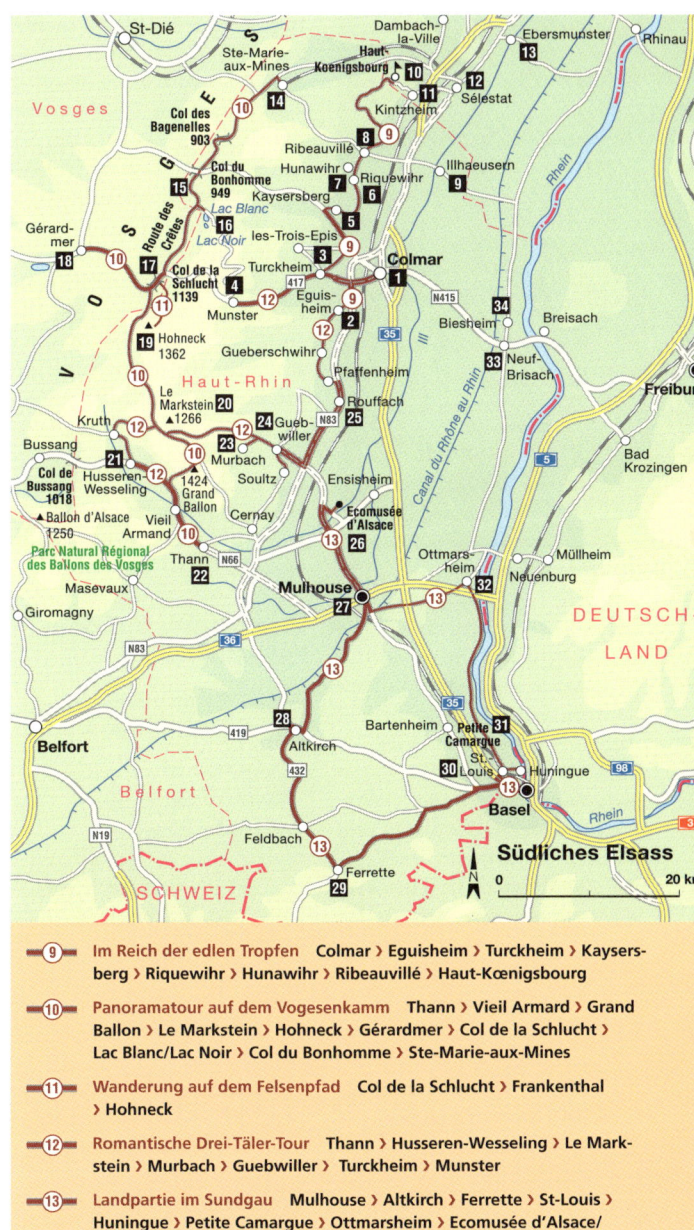

9 Im Reich der edlen Tropfen Colmar › Eguisheim › Turckheim › Kaysersberg › Riquewihr › Hunawihr › Ribeauvillé › Haut-Kœnigsbourg

10 Panoramatour auf dem Vogesenkamm Thann › Vieil Armard › Grand Ballon › Le Markstein › Hohneck › Gérardmer › Col de la Schlucht › Lac Blanc/Lac Noir › Col du Bonhomme › Ste-Marie-aux-Mines

11 Wanderung auf dem Felsenpfad Col de la Schlucht › Frankenthal › Hohneck

12 Romantische Drei-Täler-Tour Thann › Husseren-Wesseling › Le Markstein › Murbach › Guebwiller › Turckheim › Munster

13 Landpartie im Sundgau Mulhouse › Altkirch › Ferrette › St-Louis › Huningue › Petite Camargue › Ottmarsheim › Ecomusée d'Alsace/ Bioscope › Mulhouse

Das Münster von Thann

Der südliche Einstieg in die Route des Crêtes liegt im Städtchen *Thann › S. 102, von wo die Straße stetig an Höhe gewinnt und vorbei am Schlachtfeld *Vieil Armand › S. 101 aus dem Ersten Weltkrieg dem **Grand Ballon** › S. 101 zustrebt, der mit 1424 m höchsten Erhebung in den Vogesen. Kein Wunder, dass der Berg von kreuz und quer verlaufenden Wanderpfaden gekennzeichnet ist und auf dem Parkplatz an seinem Fuße an schönen Sommertagen der Platz eng wird. In einer offenen Plateaulandschaft bildet **Le Markstein** › S. 102 das sportliche Zentrum des Mittelgebirges, weil sich die Gegend das ganze Jahr für unterschiedliche Aktivitäten wie Wandern, Gleitschirmfliegen oder Wintersport anbietet, ebenso wie der Vogesenkamm zwischen

Hohneck › S. 102 und *Col de la Schlucht › S. 101. Von der Passhöhe macht man einen Abstecher nach **Gérardmer** › S. 101 auf der lothringischen Westseite des Gebirges. Der Ort liegt im Frühjahr inmitten sattgrüner Wiesen mit Myriaden von blühenden Narzissen. Wanderer suchen sich häufig den **Lac Blanc/Lac Noir** › S. 100 aus, bildet das Seen-Duo doch einen reizvollen Kontrast zur bewaldeten Berglandschaft. Am **Col du Bonhomme** › S. 100 überquert eine wichtige Ost-West-Verbindung den Vogesenkamm. Mit dem ehemaligen Bergbauzentrum **Ste-Marie-aux-Mines** › S. 100 erreicht man das Ende der Route.

Wanderung auf dem Felsenpfad

⑪ Col de la Schlucht › **Frankenthal › Hohneck**

Länge: 12 km
Dauer: ½ Tag
Praktische Hinweise:
Der Einstieg in den Pfad liegt ca. 100 m östlich der Passhöhe am Col de la Schlucht, den man per Auto oder mit dem Bus von Colmar bzw. Munster aus erreicht. Vom Fuß des Hohneck kann man mit den Bussen von La Navette des Crêtes (www.navettedescretes. com) zum Col de la Schlucht zurückfahren. Bei Nässe oder kalten Temperaturen können Wegabschnitte glitschig und gefährlich sein.

Der auf Französisch Sentier des Roches genannte Pfad wurde zu Beginn des 20. Jhs. als Verbindung zwischen dem ***Col de la Schlucht** ❯ S. 101 im Norden und dem **Hohneck** ❯ S. 102 im Süden angelegt. Da die Vogesenflanken auf ihrer Ostseite viel steiler als im Westen abfallen, führt der Wanderpfad auf Höhenlagen zwischen 980 und 1140 m durch einige schroffe Felspassagen, die mit Fixseilen, Eisengeländern, Leitern und Stegen gesichert und gut zu begehen sind. Vom offiziellen Ende des Pfades steigt man über **Frankenthal** hinauf zur kahlen Kuppe des Hohneck, des dritthöchsten Bergs der Vogesen (1363 m), auf dem man im **Gipfelrestaurant Le Sommet du Hohneck** ❯ S. 102 rasten und den weiten Blick in die Umgebung genießen kann. Auf dem letzten Wegstück kommt man an den Felszacken der sogenannten Martinswand vorbei, eines bekannten Klettergebiets.

Romantische Drei-Täler-Tour

⏤⑫⏤ **Thann** ❯ **Husseren-Wesseling** ❯ **Le Markstein** ❯ **Murbach** ❯ **Guebwiller** ❯ **Turckheim** ❯ **Munster**

Länge: ca. 100 km
Dauer: 1 Tag
Praktische Hinweise: Hier in den Südvogesen liegen viele Fermes-Auberges ❯ S. 25. Wer sich in einer dieser Bergbauernhöfe stilecht verpflegen

will, bestellt ein Menu Marcaire (Melkersmahlzeit): Pastete als Vorspeise, danach Roigabrageldis (Bratkartoffeln), Fleisch und Salat. Die Nachspeise besteht meist aus einem Blaubeerkuchen.

Das südlichste der drei Täler ist das Thur-Tal nordwestlich von ***Thann** ❯ S. 102 mit der kleinen Ortschaft **Husseren-Wesseling** ❯ S. 102, die mit den Überresten eines aus dem 18. Jh. stammenden Industrieparks an die einst profitable elsässische Textilindustrie erinnert. Vom Tal geht es hinauf auf den Vogesenkamm nach **Le Markstein** ❯ S. 102. In der Umgebung verstecken sich viele Fermes-Auberges, in denen man sich in rustikalem Ambiente mit den Spezialitäten der Hochvogesen vertraut machen kann. Sowohl in ***Murbach** ❯ S. 103 in einem kleinen Seitental als auch in **Guebwiller** ❯ S. 103 hat das Zeitalter der Romanik beachtliche Baudenkmäler hinterlassen. Beide Gemeinden liegen im Lauch-Tal, das seinen Beinamen Florival (»Blumental«) seinen natürlichen Reizen verdankt. Das dritte Tal, das in **Turckheim** ❯ S. 94 beginnende Vallée de Munster mit dem Städtchen **Munster** ❯ S. 94, steht landschaftlich hinter dem Lauch-Tal nicht zurück, ist aber hauptsächlich durch einen Gaumenschmaus bekannt geworden: den deftigen Münsterkäse, der auf mehreren Bauernhöfen hergestellt wird.

Landpartie im Sundgau

> **⑬ Mulhouse › Altkirch › Ferrette › St-Louis › Huningue › Petite Camargue › Ottmarsheim › Ecomusée d'Alsace/ Bioscope › Mulhouse**

Länge: ca. 120 km
Dauer: 1 Tag
Praktische Hinweise: Zum Ecomusée und nach Guébwiller fahren ab dem Bahnhof Mulhouse Busse der Linien 54 und 454. Altkirch ist mit Regionalzügen auf der Strecke Mulhouse–Belfort zu erreichen.

Hat man nach Stadttouren und Museumsbesuchen in **Mulhouse** › S. 105 Lust auf frische Luft und ländliches Flair, ist der Sundgau genau das Richtige. Kaum irgendwo sonst zeigt sich das Elsass so provinziell wie in dieser beschaulichen Gegend abseits von Hektik und Touristenrummel. Das wird bereits in der Sundgauer »Hauptstadt« **Altkirch** › S. 107, aber ebenso im kleinen **Ferrette** › S. 107 spürbar, das nur einen Katzensprung von der eidgenössischen Grenze entfernt ist. Noch näher an der Schweiz liegt **St-Louis** › S. 107, das sich in den letzten Jahren zu einem stattlichen Nachbarn von Basel entwickelt hat. Im Gegensatz dazu ist **Huningue** ein recht beschaulicher Grenzort am Rhein geblieben, der über eine Rad- und Fußgängerbrücke mit dem deutschen Weil verbunden ist. Außerdem punktet die Gemeinde mit einem Wildwasserpark. Auf Wanderungen in der **Petite Camargue** › S. 108 kann man unverfälschte Landschaften kennenlernen, während die Rundkirche in **Ottmarsheim** › S. 108 eher Architekturkenner lockt. Ein Besuch im ***Ecomusée d'Alsace/Bioscope** › S. 104 passt an das Ende einer Landpartie durch den Sundgau, bevor es wieder nach **Mulhouse** geht.

Unterwegs in Colmar

3 ## **Colmar **❶**

Die knapp 70 000 Einwohner große Stadt steht für all das, was das Elsass bekannt und beliebt gemacht hat: mit Geranien geschmückte Fachwerkfassaden, krumme Pflastergassen, mittelalterliche Stadtkerne, Kunst und Kultur hinter Museums- und Kirchenmauern und romantisches Flair in verwinkelten Handwerksvierteln.

Musée d'Unterlinden **Ⓐ

Das Museum ist im Besitz großartiger Sammlungen. Den erlesenen Rahmen für die Exponate bildet das ehemalige Domini-

Das Engelskonzert und die Geburt Christi in Grünewalds
Isenheimer Altar (Ausschnitt)

kanerinnenkloster, im Mittelalter ein Zentrum der Mystik. Die 1296 geweihte einstige Kirche und der Kreuzgang mit Doppelarkaden aus rotem Vogesensandstein sind Teil des Museums.

Seine Popularität verdankt das Haus, das zu den meistbesuchten Provinzmuseen Frankreichs zählt, dem ****Isenheimer Altar** von Matthias Grünewald. Aber auch andere Altarbilder und Gemälde der Sammlung verdienen Beachtung, wie beispielsweise der ebenfalls für die Antoniter in Isenheim 1475 geschaffene Altar von Martin Schongauer.

Die Abteilung für moderne Kunst zeigt Werke von Renoir, Rouault, Vasarély, Picasso, Braque und Léger. Hinzu kommen Skulpturen aus dem 15. und 16. Jh., eine reiche volkskundliche sowie eine archäologische Sammlung

Der **Isenheimer Altar

Viel ist über das Leben von Matthias Grünewalds ist nicht bekannt. Fest steht, dass er zwischen 1510 und 1512 vom Antoniterkloster in Isenheim den Auftrag zu einem Flügelaltar erhielt und damit sein Hauptwerke schuf. Der Isenheimer Altar steht heute in Colmar. Seine Flügel zeigen links und rechts des Schreins zwei Szenen aus dem Leben des hl. Antonius: die Zwiesprache mit dem hl. Paulus und den Angriff der Dämonen auf den Patron der Antoniter. Auf den übrigen Bildflügeln ist die Heilsgeschichte dargestellt. Grünewald zeigt die Verkündigung, das Engelskonzert, die Geburt, die Kreuzigung und die Erscheinung Christi. Der verklärte Christus, schwerelos und ganz von Licht durchdrungen, steht in krassem Gegensatz zum menschlichen, entsetzlich leidenden, gekreuzigten Christus, den die Altarflügel in geschlossenem Zustand zeigen.

(www.musee-unterlinden.com;
Mai–Okt. tgl. 9–18, sonst tgl.
außer Di 9–12, 14–17 Uhr).

*Maison des Têtes

Die aufwendig gestaltete Fassade
des Hauses mit einem Volutengiebel aus der Renaissancezeit ist
mit über hundert Masken und
Köpfen geschmückt. Das »Kopf-
haus« wurde wahrscheinlich 1609
erbaut und diente im 19. Jh. als
Weinhandlung. Heute beherbergt
das Gebäude ein empfehlenswer-
tes Restaurant mit Tischen im
Innenhof.

Restaurant

Maison des Têtes
19, rue des Têtes
Tel. 03 89 24 43 43
www.maisondestetes.com
**So abends, Mo und Di mittags
geschl.**

Das holzverkleidete Restaurant
mit bleiverglasten Fenstern stünde
jedem Elsassmuseum gut zu Gesicht.
Gäste können sich bei gebratener
Goldbrasse oder Rinderfilet mit
Kartoffelgratin von der guten Qualität
der Küche überzeugen. Das Haus
bietet auch komfortable Gästezimmer.

Colmar
(Innenstadt)

A Musée d'Unterlinden
B Maison des Têtes
C Église des Domini-
cains
D Église St-Martin
E Musée Bartholdi
F Ancienne Douane
G Arkadenhaus
H St-Matthieu
I Krutenau
J Musée d'Histoire
Naturelle

*Église des Dominicains

Den Idealen des Bettelordens entsprechend fiel der 1283 begonnene und im 14. Jh. fertiggestellte Bau schlicht aus. Die Glasfenster stammen aus der Entstehungszeit des Gebäudes. Größter Schatz ist die **»Madonna im Rosenhag«**, ein frühes Werk von Schongauer. Das Bild befand sich bis 1973 in der Église St-Martin und kam erst nach einem spektakulären Raub in die Dominikanerkirche. Schongauer stellte die Madonna mit dem Kind vor dem ins Überirdische weisenden Goldgrund in einem Rosengarten dar.

Um die *Église St-Martin

Die von den Einheimischen als »Kathedrale« bezeichnete **Église St-Martin** entstand nach mehreren Vorgängerbauten zwischen dem 13. und 14. Jh. Der Turm erhielt seine Renaissancehaube erst 1575. Das Südportal zeigt im unteren, um 1230 entstandenen Tympanon die Nikolauslegende. Im oberen, später aufgesetzten Spitzbogenfeld ist das Jüngste Gericht dargestellt. Der Innenraum überrascht mit einem lang gestreckten Chor und mittelalterlichen Kunstwerken.

Auf der Südseite wird die umliegende Place de la Cathédrale von mittelalterlichen Bauten begrenzt: Rechts steht die Stadtwache, links die um 1350 erbaute **Maison Adolphe,** die das älteste Wohnhaus der Stadt sein soll. Dahinter steht das **Pfisterhaus,** das

Stiftskirche St-Martin

laut einer Inschrift ein Hutmacher aus Besançon im Jahr 1537 errichten ließ. An der Einmündung der **Rue Schongauer** fällt der Blick auf zwei weitere Fachwerkhäuser, die mit der Familie Schongauer in Verbindung gebracht werden.

Musée Bartholdi

In der Rue des Marchands Nr. 30 wurde 1834 Frédéric-Auguste Bartholdi geboren. Wer mehr über den Bildhauer erfahren möchte, dessen bekannteste Werke die Freiheitsstatue von New York und der Löwe von Belfort sind, sollte das ihm gewidmete Museum besuchen (www.museebartholdi.com; März–Dez. tgl. außer Di 10–12 und 14–18 Uhr).

Arbeiten Bartholdis zieren auch verschiedene Plätze der Stadt.

*Ancienne Douane

In südöstlicher Richtung führt die Rue des Marchands zur Ancienne Douane, dem »Koifhüs«. Dieses Kaufhaus war einst Zentrum des städtischen Lebens. Hier wurden Waren gelagert und Zölle erhoben, hier hielten Schöffen und der Magistrat ihre Sitzungen ab. Auffallend ist das mit bunten, glasierten Ziegeln gedeckte Dach. Der Hauptbau wurde 1480 errichtet. Das Erdgeschoss diente den Kaufleuten als Lager; im Obergeschoss fanden Sitzungen statt. Hinter dem Koifhüs ehrt ein Denkmal General Schwendi, der im 16. Jh. die Tokayer-Traube aus Ungarn ins Elsass gebracht haben soll.

Grand' Rue

Sehenswerte Bauwerke gibt es auch noch in der Grand' Rue: das **Arkadenhaus** ⊝ mit seiner schö-

nen Renaissancefassade und die protestantische Kirche **St-Matthieu** ⊕, der die Dominikanerkirche als Vorbild diente. Sie besitzt herrliche Glasfenster aus dem 15. Jh. und eine Silbermann-Orgel.

**La Petite Venise

Bei »Klein-Venedig« handelt es sich um ein altes Gerberviertel. Es reicht bis zur Lauch; jenseits des Bachs schließt sich mit der **Krutenau** ❶ das früher befestigte Viertel der Gemüsehändler an. Noch um 1850 befuhren die Bauern mit flachen Kähnen die Lauch und brachten ihre Ware sowohl zum gerade neu erbauten, heute noch genutzten Marché Couvert als auch zum **Quai de la Poissonnerie.** In den 1960er-Jahren war das Viertel so heruntergekommen, dass sogar sein Abriss erwogen wurde. Letztlich wurde das Ensemble dann doch gerettet und aufwendig restauriert.

Noch heute verraten an manchen Häusern die verglasten Obergeschosse ihre ursprüngliche Funktion als Trockenböden für gegerbte Häute. Die **Lauch** belebt die Szenerie, die blumengeschmückten Fachwerkhäuser am Quai de la Poissonnerie erstrahlen in frischer Farbe. Besonders am Abend gehört ein Spaziergang in diesen Gassen zum Schönsten, was Colmar zu bieten hat. Zwei der besten Fotopunkte in La Petite Venise sind die beiden Brücken über das Flüsschen Lauch an der Rue Turenne und am Boulevard St-Pierre.

Am Fluss Lauch in La Petite Venise

Musée d'Histoire Naturelle

An der Rue Turenne, die früher als Marktplatz diente, liegt das Musée d'Histoire Naturelle. Seine umfangreichen Sammlungen informieren über die regionale Flora und Fauna, umfassen aber auch eine völkerkundliche und eine ägyptische Abteilung (Febr.–Dez. tgl. außer Di 10–12, 14–17, So 14–18 Uhr; www.musees-alsace.org).

Infos

Office de Tourisme
4, rue Unterlinden
Tel. 03 89 20 68 92
www.ot-colmar.fr

Verkehr

■ Flug

Colmar liegt zwischen dem Aéroport International de Strasbourg (**www.strasbourg.aeroport.fr**) im Norden und dem Euro-Airport (**www.euroairport.com**) bei Mulhouse im Süden.

■ Bahn

Von Deutschland aus gibt es keine Direktverbindungen mit der Bahn nach Colmar. Man kann bis Straßburg und Mulhouse fahren und dort in den Regionalzug nach Colmar umsteigen.

■ Auto

Colmar liegt an der in Nord-Süd-Richtung verlaufenden, kostenlosen Autobahn A 35.

Hotels

■ Hôtel Le Maréchal

4-6, place des Six-Montagnes-Noires
Tel. 03 89 41 60 32
www.le-marechal.com

Im schönsten Viertel der Colmarer Altstadt gelegenes Romantikhotel in einem Fachwerkkomplex von 1565. Die im nostalgischen Stil gehaltenen 20 Zimmer und Suiten sind zum Teil mit Whirlpools ausgestattet. ●●●

■ Rapp'Hôtel

1–5, rue Weinemer
Tel. 03 89 41 62 10
www.rapp-hotel.com

In der Altstadt gelegenes 3-Sterne-Hotel mit gemütlichen Zimmern, Schwimmbad, Sauna, Hammam, Fitnessraum und einem Restaurant mit saisonaler Küche. ●●—●●●

■ Hôtel Turenne

10, rue de Bâle
Tel. 03 89 21 58 58
www.turenne.com

Am Rand von Klein-Venedig gelegenes 3-Sterne-Haus. Die Zimmer sind rustikal eingerichtet. An der hauseigenen Bar werden Elsässer Weine und Fassbier ausgeschenkt. Das Hotel bietet außerdem einige Raucherzimmer. ●●

■ Hôtel St-Martin

38, Grand' Rue
Tel. 03 89 24 11 51
www.hotel-saint-martin.com

Hinter der Fassade des ehemaligen Herrenhauses liegen 40 individuell eingerichtete Zimmer in farbenfrohem Dekor. Die Suiten sind mit einem Jacuzzi ausgestattet. ●

Camping

Camping de l'Ill
Allée du Camping
Horbourg-Wihr
Tel. 03 89 41 15 94
www.camping-alsace.com/colmar

Direkt an der Ill, 2 km östlich der Stadt gelegener 3-Sterne-Platz.

Restaurants

■ **Arpège**

24, rue des Marchands
Tel. 03 89 23 37 89
Mo geschl.

Kleineres Lokal mit Garten und Terrasse und teils raffinierten, teils bodenständigen Gerichten. ●●–●●●

■ **Winstub Brenner**

1, rue Turenne
Tel. 03 89 41 42 33
www.wistub-brenner.fr
Di/Mi geschl.

Gäste genießen hier typisch regionale Küche in authentisch elsässischem Ambiente, auch wenn das Lokal im touristischen Epizentrum liegt. ●●

■ **Caveau St-Pierre**

24, rue de la Herse
Tel. 03 89 41 99 33
www.lecaveausaintpierre-colmar.com
So abends, Mo u. Fr mittags geschl.

In einem 450 Jahre alten Haus eingerichtetes Lokal mit drei Speisezimmern mitten in La Petite Venise. Man kann auch auf der Terrasse direkt am Flüsschen Zanderfilet auf Sauerkraut oder Schweinebäckchen in Dunkelbiersauce genießen. ●–●●

Nightlife

■ **Bar des Incorruptibles**

1, rue des Écoles
Tel. 03 89 23 00 77
Tgl. 9–1.30 Uhr

In La Petite France gelegene Wein- und Bierkneipe zum Teil mit Rock-Beschallung. Man kann auch draußen sitzen.

■ **Toucan Club**

2, rue Trois Epis
Tel. 03 89 41 19 73
Fr–Sa und Nächte vor Feiertagen 22–4 Uhr

Disco für Leute ab ca. 30 Jahren.

Shopping

Auf der Place de l'Ancienne Douane finden regelmäßig **Märkte** statt: Donnerstag Wochenmarkt, an jedem 1. und 3. Freitag des Monats Flohmarkt und in der Adventszeit ein **großer Weihnachtsmarkt.** Samstagvormittag Wochenmarkt auf der Place St-Joseph.

Aktivitäten

Das Verkehrsamt bietet geführte Spaziergänge an. Romantisch sind **Kahnfahrten** (ab **Pont St-Pierre** und **Quai de la Poissonnerie**; **Tel. 03 89 20 68 95**).

Unterwegs im südlichen Elsass

****Eguisheim** 2

Der Winzerort (1500 Einw.) besticht durch sein mittelalterliches Gesamtbild. Die konzentrische Stadtanlage entstand um ein ehemaliges Wasserschloss, dessen älteste Teile auf die Mitte des 13. Jhs. zurückgehen dürften. Das Schloss wurde während der Französischen Revolution zerstört und im 19. Jh. im historisierenden Stil jener Epoche wiederhergestellt. Angeblich erblickte Papst Leo IX.

Eguisheim an der Weinstraße

dort das Licht der Welt. Die Stadt-befestigung aus dem 13. Jh. wurde mit Häusern überbaut. Im Lauf der Zeit entstand so ein maleri-scher Mauer- bzw. Häuserring. In den Neubau der Pfarrkirche übernahm man das alte ***West-portal** aus dem 13. Jh.

In den Vogesenvorbergen hoch über Eguisheim liegen an der ca. 20 km langen **Route des Cinq Chateaux** mehrere Burgruinen, darunter die aus dem 13. Jh. stam-mende, teilweise restaurierte **Hohlandsbourg**. (www.chateau-hohlandsbourg.com, Mitte April bis Mitte Nov. 14-18, So und Fei, Juli/Aug 10-19 Uhr).

Info

Office de Tourisme
22 a, Grand' Rue
Tel. 03 89 41 86 20
www.ot-eguisheim.fr

Verkehr

Von Colmar fahren **Busse** nach Eguis-heim (**Transports Pauli/Linie 208, Tel. 03 89 78 11 78**). Der **Euro-**

Airport (www.euroairport.com) liegt 56 km entfernt.

Hotels

■ Hostellerie du Pape
10, Grand' Rue][Tel. 03 89 41 41 21
www.hostellerie-pape.com
Mo u. Di geschl.
Traditioneller Landgasthof mit moder-ner Ausstattung, Restaurant und einem Weinkeller. ●●

■ Auberge des Trois Châteaux
26, Grand' Rue][Tel. 03 89 23 11 22
www.auberge-3-chateaux.com
Familiäres Haus. Im Restaurant wird regionale Küche serviert. ●●

Restaurants

■ Caveau d'Eguisheim
3, place du Château
Tel. 03 89 41 08 89][**Mo/Di geschl.**
Exzellenten Fischspezialitäten und vor-zügliche lokaler Weine. ●●

■ Pavillon Gourmand
101, rue Rempart-Sud
Tel. 03 89 24 36 88][**Di/Mi geschl.**
Hoch gelobte Kochkunst des ehe-maligen Haeberlin-Schülers David Schubnel. ●●

Turckheim 3

Das von mächtigen Stadttoren bewachte Weindorf liegt am Eingang zum landschaftlich reizvollen Münstertal. Durch die wuchtige Porte de France gelangt man zur ehemaligen Hauptwache **Ancien Corps de Garde** von 1567, vor der ein 1725 errichteter Brunnen samt Marienfigur die Blicke auf sich zieht. Im reizenden Hôtel des Deux Clefs in der Nachbarschaft (s.u.) nächtigten schon de Gaulle, Albert Schweitzer und der US-Schauspieler James Stewart. Zu einer Attraktion hat sich der Nachtwächter entwickelt, der von Mai bis Oktober jeden Abend um 22 Uhr mit interessierten Besuchern im Tross seine Runden dreht und dabei interessante Geschichten erzählt.

Info

Office de Tourisme
place Turenne][Tel. 03 89 27 38 44
www.turckheim-alsace.com

Hotel

Hôtel des Deux Clefs
3, rue du Conseil
Tel. 03 89 27 06 01
www.hotel-turckheim.com
Nobles Fachwerkhotel mit schön ausgestatteten Zimmern in frischen Farben, zum Teil mit antikem Mobiliar.
●●●

Echt gut!

Bekannte Burgen und Festungen

■ Kein Burgenfan kommt um die **Ruine Château Fleckenstein,** ein musterhaftes Beispiel mittelalterlicher Architektur, herum ❯ S. 66.

■ Eine unerbittliche Geschichte prägt die Jahrhunderte lang umkämpfte Zitadelle in **Bitche** ❯ S. 68.

■ **Fort de Simserhof** bei Bitche bildete eine der wichtigsten Anlagen der Maginot-Verteidigungslinie. Besucher fahren mit einer Bahn eine halbe Stunde durch die unterirdischen Gänge ❯ S. 68.

■ Die renovierte **Hohlandsbourg,** 639 m hoch über Eguisheim gelegen, hat sich mit Mittelaltergarten, zugänglichen Befestigungsmauern, Museum und Restaurant zu einem populären Besucherziel entwickelt ❯ S. 68.

■ Die berühmteste Burg der Region ist die **Haut-Kœnigsbourg,** ein von Wilhelm II. veranlasster Neubau im Stil einer mittelalterlichen Ritterburg ❯ S. 98.

Munster 4

In den beiden Weltkriegen wurde die Bausubstanz der Kleinstadt fast vollständig zerstört. Von einer um 660 gegründeten Benediktinerabtei sind nur noch kümmerliche Reste übrig. Sehenswert sind die »fliegenden« Attraktionen – Störche, die sich auf vielen Hausdächern offensichtlich sehr wohl fühlen. An den Hängen des Vallée de Munster laden Bergbauernhöfe zu rustikalen kulinarischen Abstechern ein. Weil es auf ihnen noch sehr ländlich zugeht, haben sich die Fermes-Auberges ❯ S. 25 zu populären Wander- und Radfahrerzielen entwickelt. In vielen kann man übernachten.

Hôtel Bar des Vosges
58, Grand'Rue][**Tel. 03 89 77 31 41**
www.hotelbardesvosges.fr
Familienbetrieb im Zentrum von
Munster. Zwei der 15 Zimmer können
mit drei bzw. vier Personen belegt
werden. ●

Kaysersberg 5

Die ehemalige Reichsstadt Kaysersberg mit ihrem noch weitge-
hend mittelalterlich geprägten
Ortsbild liegt inmitten von Reb-
bergen. Dem bekanntesten Sohn
der Stadt, dem Tropenarzt und
Friedensnobelpreisträger **Albert
Schweitzer** (1875–1965), ist in
seinem Geburtshaus ein kleines
Museum gewidmet (126, rue Général de Gaulle, Ostern–Ende
Okt. tgl. 9–12 und 14–18 Uhr).
Von der Burgruine oberhalb des
Altstadtkerns kann man die schöne Aussicht genießen. Im Zentrum überragt die Basilika **Ste-
Croix** die roten Ziegeldächer der
Fachwerkhäuser. Sie besitzt ein
romanisches Westportal, dessen
Tympanon eine Marienkrönung
darstellt. Der geschnitzte Flügelaltar (1518) stammt vom Colmarer Künstler Hans Bongart. Reizvolle Gebäude stehen an der alten
Weissbrücke, der einzigen befestigten Brücke, die es im Elsass
gab.

Office de Tourisme
39, rue Général de Gaulle
Tel. 03 89 71 30 11
www.kaysersberg.com

Blick auf Kaysersberg

Hôtel Chambard
9–13, rue Général de Gaulle
Tel. 03 89 47 10 17
www.lechambard.fr
Exquisites Hotel. Die Küche des hauseigenen Restaurants gehört zu den
einfallsreichsten der Region. ●●●

Im Dezember verwandelt der **Weihnachtsmarkt** den Ort in ein romantisches Wintermärchen.

**Rique-
wihr** 6

Viele wunderschöne Gebäude aus
dem 15. bis 18. Jh. machen das
Winzerstädtchen (1300 Einw.) zu
einem der meistbesuchten Orte
an der Route des Vins. Große Teile der doppelten Stadtmauer sind
noch erhalten. Man beginnt mit
der Besichtigung am besten beim
Rathaus. Links daneben liegt das
ehemalige Schloss der Württem-
berger, in dem das elsässische

Postmuseum untergebracht ist. Immer wieder öffnet sich der Blick in reizvolle Innenhöfe. Dem Torturm ***Dolder** (13. Jh.) an der Grand' Rue wurden drei Jahrhunderte später die Fachwerkgeschosse hinzugefügt. Hier und im benachbarten **Diebsturm** ist heute ein Heimatmuseum untergebracht (April–Anfang Nov. tgl. 10.30–13 und 14–18 Uhr).

Info

Office de Tourisme
2, rue 1ère Armée
Tel. 03 89 49 08 40
www.ribeauville-riquewihr.com

Hotel

Schoenenbourg
2, rue de la Piscine
Tel. 03 89 49 01 11
www.hotel-schoenenbourg.fr.
Modern eingerichtetes Hotel der Best-Western-Kette mit 58 meist klimatisierten Zimmern und Privatparkplatz. ●●●

Restaurants

■ **La Table du Gourmet**
5, rue 1ère Armée
Tel. 03 89 49 09 09
www.jlbrendel.com
Di und Mi ganztägig sowie Do mittags geschl.
Auch wer die rote Einrichtung des Lokals und die schwarze Arbeitskleidung des Servicepersonals weniger schätzt, wird von der mit einem Michelin-Stern ausgezeichneten Küchenkunst überzeugt sein. ●●●

■ **Restaurant Maximilien**
19a rte d'Ostheim
Zellenberg
Tel. 03 89 47 99 69

www.le-maximilien.com
So abends, Mo und Fr mittags geschl.
Sternekoch Jean-Michel Eblin hat sein Lokal zum Mekka für Feinschmecker und Genießer gemacht. Seine kreative französische Küche serviert in einem sehr gediegenen Lokal warme und kalte Vorspeisen sowie Fisch, Meeresfrüchte und Fleisch- bzw. Geflügelgerichte. ●●●

Hunawihr 7

Die gotische **Wehrkirche** wird von einer bis zu 7 m hohen Mauer mit sechs Bastionen und Schießscharten geschützt. Der älteste Teil, der Stockenturm, dürfte auf das 14. Jh. zurückgehen. Im Chor fällt eine Darstellung der Geschichte des hl. Nikolaus auf.

Seit 1976 gibt es in Hunawihr den **Parc des Cigognes et des Loutres** ›S. 22 mit Aquarium und Schmetterlingshaus. Die Initiatoren des Projekts bemühen sich, Störche im Elsass wieder dauerhaft heimisch zu machen. Das Zentrum widmet sich auch der Aufzucht von Fischottern (März–Nov. tgl. 10–12 und 14–17.30, in der Hochsaison bis 18/19 Uhr; www.cigogne-loutre.com).

*Ribeauvillé 8

Seit dem 15. Jh. waren die Grafen dieses Städtchens (5000 Einw.) inmitten des Weinbaugebiets die Schutzherren der Pfeifer, des fahrenden Volkes der Gaukler und Musiker. Bis heute ist Ribeauvillé die Stadt der Pfeiferkönige: Am

Pfifferdaj (»Pfeifertag«, 1. So im Sept.) wird das Fest der Spielleute gefeiert.

Der Ort erstreckt sich entlang der Grand' Rue mit dem zentralen **Marktplatz,** dem Barockbau des Rathauses, einem Renaissancebrunnen und dem **Tour des Bouchers** (Metzgerturm), der die Grenze zwischen Unter- und Oberstadt bildet. Auch der Fachwerkbau des **Pfifferhüs** ist nicht zu übersehen. Einer der Pfosten des Erkers wurde mit einer Verkündigungsszene geschmückt.

Zwei Burgruinen überragen die Ortschaft. Die **Ulrichsburg,** der Stammsitz der Rappoltsteiner, lohnt als großartiges Beispiel staufischer Festungsbaukunst einen Besuch und bietet schöne Ausblicke auf die schlecht erhaltene Burg **Hochrappoltstein.**

Ribeauvillé

Info

Office de Tourisme
1, Grand' Rue
Tel. 03 89 49 08 40
www.ribeauville-riquewihr.com

Hotel

Hôtel de la Tour
1, rue de la Mairie
Tel. 03 89 73 72 73
www.hotel-la-tour.com
Das zum Hotel umfunktionierte Weingut steht in der Nähe des Metzgerturms. Gäste kommen in 31 Zimmern unter. Man kann Fahrräder mieten. ●●

Restaurant

Au Cheval Blanc
122, Grand' Rue
Tel. 03 89 73 61 38

www.cheval-blanc-alsace.fr
Tgl. 12–14 und 19–21 Uhr
Das einfache Restaurant bietet traditionelle elsässische Küche. Zum Haus gehört auch ein Hotel. ●●

Illhaeusern 🟥9

Das Dorf an den Ufern der Ill hat einen klingenden Namen, zumindest in Gourmetkreisen. Grund dafür ist der Drei-Sterne-Koch Paul Haeberlin (1923–2008), der sein Restaurant (s.u.) zu einem der bekanntesten Feinschmeckertempel im Osten Frankreichs machte. Heute führt sein Sohn Marc die Tradition des Hauses mit gleichem Erfolg weiter.

Restaurant

Auberge de l'Ill
2, rue de Collonges au Mont d'Or
Tel. 03 89 71 89 00
www.auberge-de-l-ill.com
Mo/Di geschl.
Der Name Haeberlin ist seit Jahrzehnten ein Garant für absolute Spitzenküche. ●●●

Echt gut!

6 *Haut-Kœnigsbourg 🔟

Der Vater von Friedrich Barbarossa legte den Grundstein zu dieser im Dreißigjährigen Krieg zerstörten Festung. In der zweiten Hälfte des 19. Jhs. gelangte die Ruine in den Besitz von Sélestat. Froh, die immensen Unterhaltskosten sparen zu können, schenkten die Stadtväter sie 1899 Kaiser Wilhelm II. Der Kaiser war hocherfreut und veranlasste den Neubau – allerdings auf Kosten des damaligen Reichslandes Elsass-Lothringen. Es entstand eine Ritterburg im Stil des späten 15. Jhs. bzw. das, was man sich um die Wende vom 19. zum 20 Jh. darunter vorstellte. Von den Zinnen hat man einen **fabelhaften Ausblick bis in den Schwarzwald** (www.haut-koenigsbourg.net, Jan., Febr., Nov. und Dez. tgl. 9.30–12 und 13–16.30, sonst bis 17 Uhr, in der Hochsaison bis 18 Uhr).

Echt gut!

In der Haut-Kœnigsbourg

Kintzheim 🕚

In der Nähe des kleinen Ortes gibt es drei bekannte Attraktionen: den Freizeitpark **Cigoland Alsace** (❯ S. 22), den von Berberaffen bevölkerten **Montagne des Singes** (❯ S. 22) sowie die **Volerie des Aigles**, wo man in einem Burghof die Flugübungen von Greifvögeln aus nächster Nähe miterleben kann (www.voleriedesaigles.com, April–Nov.; im Juli und Aug. 10–17 Uhr, sonst kürzer).

*Sélestat 🕛

Die romanische Kirche **Ste-Foy** wurde nach dem Vorbild der Grabeskirche in Jerusalem errichtet. Der heutige Bau, wahrscheinlich gegen Ende des 11. Jhs. entstanden, wurde später von den Jesuiten umgebaut und bekam im 19. Jh. eine »Romanisierung« verordnet. Heute fällt aufgrund dieser Vielfalt der Baumaßnahmen eine eindeutige Zuordnung der einzelnen Bauabschnitte schwer. Auf einen karolingischen Rundbau geht die gotische Kirche **St-Georges** zurück, deren Bauzeit sich von 1220 bis ins 15. Jh. hinzog. Bemerkenswert sind die Glasmalereien im Chorbereich und die teils vergoldete Kanzel.

Berühmtheit erlangte im 15. und 16. Jh. eine Lateinschule als Zentrum des Frühhumanismus. Jacob Wimpfeling, Beatus Rhenanus und Martin Butzer waren ihre bekanntesten Schüler. Zusammen mit der Schule wurde 1452 die ***Bibliothèque Humaniste** gegründet. Sie konnte ihre reichen Bestände um 670 Bände aus der Privatbibliothek von Beatus Rhenanus aufstocken, die dieser seiner Heimatstadt vermachte. Die Bibliothek besitzt unter anderem frühmittelalterliche Handschriften und frühe Drucke (www.bibliotheque-humaniste. eu, Mo und Mi–Fr 9–12 und 14–18, Sa 9–12, im Juli/Aug. Sa 9–12 und 14–17, So 14–17 Uhr).

Auf drei Stockwerken widmet sich das **Maison du Pain d'Alsace** dem Bäckerhandwerk. Im Erdgeschoss sind eine moderne Backstube und ein Café eingerichtet (www.maisondupain-d-alsace. com, tgl. außer Mo 9.30–12.30 und 14–18 Uhr).

Der Uhrturm von Sélestat

Info

Office de Tourisme
10, blvd du Général Leclerc
Tel. 03 88 58 87 20
www.selestat-tourisme.com

Hotels

■ **Abbaye La Pommeraie**
8, blvd du Maréchal Foch
Sélestat][Tel. 03 88 92 07 84
www.pommeraie.fr
Früher Teil einer Zisterzienserabtei, heute ein reizendes Hotel mit zehn geradezu fürstlich ausgestatteten Zimmern: Kronleuchter, vergoldete Spiegel, Stuckdecken und Parkett. ●●●

■ **Hôtel Majuscule**
9 Route de Sainte Marie-aux-Mines
Tel. 03 88 92 92 88
www.hotelmajuscule.fr
Geschmackvoll eingerichtetes kleines Hotel. In der Bar gibt es Tapas und eine große Auswahl an Weinen. ●●

Restaurant

Winstub Au Bon Pichet
10, place du Marché-aux-Choux
Tel. 03 88 82 96 65
So und Mo abends geschl.
Traditionelle Weinstube mit einer Küche ohne Fehl und Tadel. ●●

Aktivitäten

Von Juni bis September kann man eine **Kanutour** auf der Ill zwischen Illhaeusern und Sélestat mitmachen (Infos: Office de Tourisme).

*Ebersmunster ⓭

Die Eltern der hl. Odilia sollen das im Dreißigjährigen Krieg zerstörte Benediktinerkloster gegründet haben. Nach Plänen des Vorarlbergers Peter Thumb entstand im 18. Jh. die wichtigste Barockkirche des Elsass. Damals erhielt die elsässische Kunst Impulse aus Süddeutschland (Mo–Sa 9–12 und 14–18, So 11–12 Uhr).

Wanderer am Hohneck

Ste-Marie-aux-Mines 14

Früher bildete das knapp 6000 Einwohner zählende Städtchen, in dem man elsässischen Charme vergeblich sucht, das Zentrum des Bergbaus im Val d'Argent (»Silbertal«). Bereits im Mittelalter waren Mönche auf der Suche nach dem wertvollen Metall, das den Ort im 16. und 17. Jh. zu einer der reichsten Gemeinden im Elsass machte. Das **Maison de Pays** vereint drei Museen unter einem Dach, die sich mit Mineralien, der Bergbaugeschichte und Textilindustrie beschäftigen. Man kann sich dort auch über Führungen in alten Stollen informieren (http://maisondepays.site.voila.fr).

Durch die Vogesen nach St-Dié
> S. 134 führt der modernisierte, 6,8 km lange **Tunnel Maurice-Lemaire** (Pkw 7,50 €), der den Umweg über den 772 m hohen Col de Ste-Marie erspart.

> S. 134

Hotel

Hôtel Les Bagenelles
15, La Petite Lièpvre
Tel. 03 89 58 70 77
www.bagenelles.com
Mitten zwischen Bergweiden 4 km außerhalb gelegenes Landhotel mit Restaurant. In den 13 mit Dusche oder Bad und WC ausgestatteten Zimmern herrscht bescheidener Komfort. ●●●

Col du Bonhomme 15

An diesem 949 m hohen Vogesenübergang kreuzt sich die Route des Crêtes mit der Ost-West-Verbindung zwischen Kaysersberg und St-Dié bzw. Gérardmer. Die Straße wird stark vom Schwerlastverkehr in Anspruch genommen, weil sie eine kostenlose Alternative zum mautpflichtigen Tunnel bei Ste-Marie-les-Mines darstellt.

Lac Blanc und Lac Noir 16

Einige Kilometer nördlich vom Col de la Schlucht führt von der Vogesenkammstraße eine Abzweigung nach Osten zum 29 ha großen **Lac Blanc** (www.lac-blanc.com) und zum 14 ha großen **Lac Noir,** zwei Seen, die Georg Büchner 1833 in einem Brief als »zwei finstere Lachen in tiefer Schlucht unter etwa 500 Fuß hohen Felswänden« beschrieb. In dieser Gegend gibt es einen **Abenteuerpark** mit Seilgarten und Leitern sowie einen **Bike**

Park für Mountainbiker mit Pisten unterschiedlicher Schwierigkeitsgrades (Mai–Sept. www.lacblanc-bikepark.com).

*Col de la Schlucht 17

Sowohl im Sommer als auch im Winter ist der mit 1139 m höchste Pass im Elsass ein beliebtes Touristenziel. Der Übergang über den Vogesenkamm bietet sich für Aktivitäten unter freiem Himmel, wie Ski alpin im Winter oder Rodeln auf einer künstlichen Sommerpiste, und als Ausgangspunkt für Landschaftlich sehr reizvolle Wanderungen ❯ S. 84 an.

Hotel

Chalet Hôtel Le Collet
Col de la Schlucht

Tel. 03 29 60 09 57
www.chalethotel-lecollet.com
Das bezaubernde kleine Hotel im traditionelle Stil eines Chalets liegt auf der Passhöhe auf 1000 m. Das Restaurant serviert regionale Küche. ●●

Gérardmer 18

Während im Frühjahr Millionen Narzissen Besucher in den Luftkurort locken, ist es im Hochsommer der gleichnamige See, ein Dorado für Wassersportler. Zum Rummelplatz wird der Ort jedes Jahr im April beim Narzissenfest (www. societe-des-fetes-gerardmer.org).

Info

Office de Tourisme
place des Déportés
Tel. 03 29 27 27 27
www.gerardmer.net

7 Die **Route des Crêtes

Die Vogesenkammstraße bietet großartige Landschaftseindrücke. Genießer fahren die Straße nicht einfach ab, sondern packen die Wanderstiefel aus und schultern den Rucksack für ein- oder mehrtägige Wanderungen. Natürlich sind sie nicht allein unterwegs, denn die gut markierten Wege und herrlichen Ausblicke wissen viele zu schätzen. Man könnte meinen, die Streckenführung sei nach Aussichtspunkten geplant worden. Doch ursprünglich hatte die Bergstraße rein militärische Funktion. Über die zumeist etwas unterhalb des Kamms an der Westflanke des Höhenzugs verlaufende Route rollte im Ersten Weltkrieg der Nachschub für französische Truppen. Heute geht es Vogesentouristen um die wunderbaren Ausblicke auf abgerundete Gipfelkuppen, Wälder mit von Flechten bewachsenen Bäumen, Hochweiden, alpine Flora und gemütliche Bauerngasthöfe. Einer der meistbesuchten Punkte ist der 1424 m hohe *Grand Ballon. Der südlichere *Vieil Armand (Hartmannswillerkopf), war während des Ersten Weltkriegs Schauplatz erbitterter Kämpfe zwischen Deutschen und Franzosen. Noch südlicher endet der Vogesenhauptkamm beim 1250 m hohen **Ballon d'Alsace**.

Hotel

Loges du Parc
12, av. Ville-de-Vichy
Tel. 03 29 63 32 43
www.leslogesdu parc.com
Gemütlicher Landgasthof am Rand
eines Parks, nur Schritte vom Seeufer
entfernt. 29 Nichtraucherzimmer
mit Dusche oder Bad/WC. ●●

Hohneck 19

Kahl, vom Wind gebürstet und
geradezu hochalpin ragt die mit
1362 m dritthöchste Erhebung
der Vogesen in den Himmel. Von
der Route des Crêtes führt eine
Stichstraße bis auf den Parkplatz
unterhalb des Gipfelrestaurants,
das eine Station am Fernwander-
weg GR 5 bildet. Die Aussicht in
alle Himmelsrichtungen ist an
klaren Tagen umwerfend.

Hotel

Le Sommet du Hohneck
Route des Crêtes
Tel. 03 29 63 11 47
www.hotel-hohneck.com
Auf dem 1363 m hohen Gipfel des
Hohneck gelegenes Haus mit 7 karg
eingerichteten Zimmern. Nur Mitte
April bis Mitte Oktober geöffnet. ●

Le Markstein 20

Der Ort an der Route des Crêtes
› S. 101 hat sich nicht nur wegen
einer dort verlaufenden Ost-West-
Verbindung über den Vogesenkamm entwickelt, sondern weil
das in 1260 m Höhe gelegene Plateau bei Skifahrern hoch im Kurs
steht. In der warmen Jahreszeit

nutzen dagegen Gleitschirmflie-
ger die Gegend.

Husseren-Wesserling 21

Mit seinen Überresten einer 1783
gegründeten Königlichen Tex-
tilmanufaktur vermittelt dieses
1000-Seelen-Dorf Einblicke in
300 Jahre elsässische Industriegeschichte. Im 17 ha großen Park
von Wesserling zeugen Schloss,
Herrenhaus, Manufakturgebäude
aus dem 19. Jh. und ein Museum
von der einstigen Bedeutung der
lokalen Textilherstellung. Das in
einer ehemaligen Baumwoll-
druckerei eingerichtete **Musée
Textile de Haute Alsace** zeigt den
Prozess der Baumwollverarbei-
tung sowie alte Kleidung, Werk-
zeuge und Dokumente über
die damalige Herstellungsweise
(www.parc-wesserling.fr, April–
Mitte Juni Di–So 10–12 und 14–
18, Mitte Juni-Anfang Okt. tgl.
10–18, Okt.–März Di–So 10–12
und 14–17 Uhr).

*Thann 22

Mit Thann (8100 Einw.) ist das
südliche Tor der Route des Vins
erreicht. Durch den Ort fließt die
Thur, an deren Ufer mit dem
Hexenturm ein Rest der Stadtbefestigung erhalten blieb. Wer die
Weinstraße ab Thann erkunden
möchte, kann sich im Basisge-
schoss des Turmes in einer Ausstellung über den Weinanbau im
Elsass kundig machen.

Die **Kirche St-Thiébaut** wetteifert mit Straßburg und Freiburg/Breisgau um das Prädikat des schönsten Kirchturms. An der Stelle einer alten Theobaldus-Wallfahrtskirche wurde ein kunsthistorischer bedeutender, spätgotischer Bau errichtet.

Die Westfassade besitzt ein überreich verziertes Portal. Langhaus und Chor sind fast gleich lang, doch ist der Chor erheblich heller, seine Wand ist fast völlig in Fenstern aufgelöst. Die im Original erhaltenen Buntglasscheiben stammen ebenfalls aus der Gotik und zeigen Szenen aus der Genesis, dem Leben Christi und Marias sowie aus verschiedenen Heiligenlegenden.

Hotels

■ **Hôtel Aux Sapins**
3, rue Jeanne d'Arc
Tel. 03 89 37 10 96
www.auxsapinshotel.fr.
Logis de France-Hotel mit 17 spartanisch, aber freundlich eingerichteten Zimmern ca. 5 Min. vom Zentrum entfernt. ●

■ **Moschenross**
42, rue Général de Gaulle
Tel. 03 89 37 00 86
www.le-moschenross.com
22 ordentliche Zimmer mit schallisolierten Fenstern und meist WLAN, z.T. für Familien bis zu 6 Personen. ●

*Murbach 23

Die ehemalige Abtei in einem idyllischen Seitental bei Guebwiller ist eine Gründung irischer Mönche in merowingischer Zeit. 1759 verließen die Mönche ihr Tal, um sich in Guebwiller niederzulassen. Sie begannen selbst mit der Zerstörung der Kirche, deren Steine angeblich beim Bau der Liebfrauenkirche von Guebwiller Verwendung fanden. Die noch erhaltenen Ostpartien von Murbach zählen zu den bedeutendsten Zeugnissen der romanischen Architektur im Elsass (tgl. 8–19 Uhr, http://murbach.langmatt.net). Neben dem Parkplatz findet sich ein wunderschöner mittelalterlicher Klostergarten.

Hotel

Le Schaeferhof
6, rue du Guebwiller
Tel. 03 89 74 98 98
www.schaeferhof.fr
Renoviertes Landhaus aus dem 18. Jh., ==weit abseits von Verkehrslärm in einem idyllischen Garten== gelegen, mit drei reizenden Nichtraucherzimmern und einer Suite. ●●●

Guebwiller 24

Geradezu formvollendet demonstriert die sandsteinerne Kirche **St-Léger** aus dem 12. Jh. den Übergang vom romanischen zum gotischen Baustil. Im Innern sind zwei Leitern zu sehen, die Marodeure 1445 bei einem vereitelten Versuch, die Stadtmauer zu erklimmen, zurückließen.

*Rouffach 25

Die unvollendete Westfassade der Pfarrkirche **Notre-Dame,** einer der frühesten gotischen Kirchen im Elsass, zeigt deutliche Einflüsse aus Straßburg. Einem romanischen Vorgängerbau gehören noch Teile des Querhauses mit seinen östlichen Apsiden an. In der Nachbarschaft stehen die beiden Gebäude des **Alten Rathauses** (1581 und 1617). Erst im 17. Jh. wurden ihnen die geschweiften Giebel aufgesetzt. Daneben haben die im Mittelalter gebaute **Kornhalle** mit Treppengiebel und der sog. **Hexenturm** ihren Platz, in dem zur Zeit der Hexenverfolgung Frauen gefangen gehalten und grausam gefoltert wurden.

Restaurant

A la Ville de Lyon
1, rue Poincaré
Tel. 03 89 49 62 49
www.alavilledelyon.eu
Mo und Mi mittags und So geschl.
Küchenchef und Besitzer Philippe Bohrer bekochte früher den französischen

Staatspräsidenten Giscard d'Estaing und führt heute auch das Nobellokal »Crocodile« in Straßburg. ●●●

Aktivitäten

Alsace Golf Club
Moulin de Biltzheim, 3 km östl.
Tel. 03 89 78 52 12
www.alsacegolfclub.com
Schön gelegener 18-Loch-Platz mit Driving Range und Clubheim in einem renovierten alten Gehöft.

8 *Ecomusée d'Alsace/ Bioscope 26

Dieses **Freilichtmuseum** in Ungersheim ist eine Sehenswürdigkeit ganz besonderer Art. 60 Gebäude aus dem 12. bis 19. Jh. wurden hier wieder aufgebaut. Sie zeigen einen Querschnitt durch die Baustile der unterschiedlichen Landstriche des Elsass. Interes-

Altes Gasthaus im Ecomusée d'Alsace

sant ist das Dorf auch dank der Handwerker, die traditionelle Gewerbe demonstrieren und dem Museum auf diese Weise einen lebendigen Charakter verleihen (www.ecomusee-alsace.fr; April–Nov.; in der Hochsaison tgl. 10–19 Uhr, sonst kürzer).

Neueren Datums ist das benachbarte **Bioscope**, eine Mischung aus Erlebnispark und Wissenschaftsmuseum, wo man sich spielerisch über Themen wie Mensch und Umwelt informieren kann (www.lebioscope.com; Öffnungszeiten wie Ecomusée).

Mulhouse 27

Der Stadt (112 000 Einw.) haftet das Negativ-Image eines Industriestandortes an. In ihrem Kern präsentiert sich die zweitgrößte elsässische Metropole jedoch mit hübschen Plätzen und lebendigen Einkaufsstraßen. Bekannt wurde Mulhouse ab dem 18. Jh. durch seine Textilindustrie. Heute ist vor allem die Automobil- und die Elektroindustrie von Bedeutung.

Im Stadtzentrum

Die **Place de la Réunion** mit dem imposanten Rathaus bildet das Zentrum der Stadt. Die mehrfach restaurierten Fresken der Hauptfassade aus der Entstehungszeit des Baus um 1550 nehmen in Allegorien Bezug auf die Stadtgeschichte. Damit sowie mit regionaler Archäologie und volkstümlicher Kunst im Sundgau befasst sich das dort eingerichtete **Musée Historique** (place de la Réunion; tgl. außer Di 10–12, 14–18.30, im Winter bis 18 Uhr, Eintritt frei). Die Ausstellungen im **Musée des Beaux-Arts** umfassen Werke aus der Zeit vom Mittelalter bis in die Gegenwart. Zu den vertretenen Berühmtheiten gehören Pieter Brueghel d. J., François Boucher, Eugène Boudin und Jean-Désiré Coubet (4, place Tell; Öffnungszeiten wie Musée Historique, Eintritt frei).

Im ***Musée de l'Impression sur Etoffes** wird anhand vieler Exponate aus unterschiedlichen Epochen die Geschichte der Technik des Stoffdrucks dargestellt (14, rue J.-J. Henner; www.musee-impression.com; tgl. außer Mo 10–12 und 14–18 Uhr).

9 ****Musée national de l'Automobile**

Das berühmte Automuseum hat eine skandalumwitterte Entstehungsgeschichte: Die Textilfabrikanten Fritz und Hans Schlumpf kauften illegal mit Firmengeldern Hunderte Oldtimer und flohen nach dem Bankrott des Unternehmens in die Schweiz. Nun gehört die Konkursmasse aus Lack und Blech zum Sehenswertesten, was Mulhouse zu bieten hat. Unter den edlen Fahrzeugen – ca. 100 verschiedene Marken – befindet sich auch Ettore Bugattis berühmte Privatlimousine. Modernste Multimedia-Mittel präsentieren die Geschichte des Autos von 1878 bis heute (192, av. de Colmar; www.collection-schlumpf.com; tgl. 10–18, im Winter bis 17 Uhr, Eintritt 10,50 €).

Auf dem Markt in Mulhouse

Weitere Museen im Umkreis

Zu den Exponaten der ***Cité du Train,** der größten Eisenbahnausstellung in Kontinentaleuropa, zählen 34 ab der Mitte des 19. Jhs. gebaute Lokomotiven, elektrische Triebwagen und Pullman-Salonwagen. Angeschlossen ist ein Feuerwehrmuseum (3, rue Alfred de Glehn, www.mulhouse.fr, Tel. 03 89 42 83 33, tgl. 10–18, im Winter bis 17 Uhr, Eintritt 10 €).

Nebenan liegt das **Musée EDF Electropolis.** Hier werden in anschaulicher Weise die Elektrizität und die Geschichte ihrer Nutzung dokumentiert, Besucher können selbst Experimente durchführen. Auch die Welt des Internets ist ein Thema (55, rue du Pâturage; www.edf.electropolis.mulhouse. museum, tgl. außer Mo 10–18 Uhr, Eintritt 8 €).

Einen guten Überblick über die Geschichte der Tapetenherstellung erhält man im **Musée du Papier Peint** im Stadtteil Rixheim. Bereits 1790 entstand in Mulhouse die erste Manufaktur für bedruckte Papiertapeten. Jeweils Di, Do und Sa um 15.30 Uhr werden Drucktechniken demonstriert (28, rue Zuber, www.musee papierpeint.org, tgl. 10–12 und 14–18 Uhr, Okt.–Mai Di geschl., Eintritt 6,50 €).

Info

Office de Tourisme
9, av. Foch
Tel. 03 89 35 48 48
www.tourisme-mulhouse.com
Eine Niederlassung gibt es auch im alten Rathaus auf der Place de la Réunion, Tel. 03 89 66 93 13.

Hotel

Hôtel de Bâle
19, passage Central
Tel. 03 89 46 19 87
www.hoteldebale.fr
Einfaches Haus mit 32 Zimmern nahe der Fußgängerzone. ●

Restaurant

Il Cortile
11, rue des Franciscains
Tel. 03 89 66 39 79
www.ilcortile-mulhouse.fr
So/Mo geschl.
Feine italienisch-mediterrane Küche in einem an der alten Stadtmauer gelegenen Lokal mit Garten, in dem Orangen- und Zitronenbäume wachsen. ●●

Shopping

In Mulhouse ist samstags der Marché de Mulhouse (blvd Roosevelt) mit seinem nordafrikanischen Flair ein Muss.

Karte
Seite 83

Nightlife

Mulhouse verfügt neben Straßburg über die lebhafteste Discoszene im Elsass:

■ **Le Valentino**
14, rue du Tunnel
Tel. 03 89 42 26 56
www.le-valentino.fr
Mi–So 22–4 Uhr
Ohne korrekte Kleidung kommt man nicht am Türsteher vorbei. Die DJ-Musik besteht aus einem Mix der 70er- und 80er-Jahre.

■ **Le Crocodile**
50, ave Colmar
Tel. 03 89 42 32 37
Fr–So und Nächte vor Feiertagen 22–4 Uhr
Tanzclub im Retrostil mit einer Vorliebe für lateinamerikanische Rhythmen; für ein eher älteres Publikum.

Altkirch 28

Zu den schönsten Flecken im Sundgau zählt Altkirch, der größte Ort des Sundgaus, mit dem interessanten **Musée Sundgauvien.** In diesem Regionalmuseum sind neben volkskundlichen Ausstellungen auch archäologische Funde, Fossilien und Werke von Künstlern der Region zu sehen (Di–So 14.30–17.30 Uhr).

Ferrette 29

Im hübsch gelegenen Ferienort sind die Ruinen einer um 1100 entstandenen Ober- und einer Unterburg sowie einige Renaissancehäuser zu bewundern. Wer im Frühjahr kommt, erlebt die Obstbaumblüte in voller Pracht.

Shopping

Sundgauer Kas-Keller
5, rue de la Montagne
Vieux-Ferrette
Tel. 03 89 40 42 22
Käseliebhaber aus der ganzen Welt schätzen die berühmten Produkte des bekannten Affineurs Bernard Antony.

St-Louis 30

Mit der 1983 gegründeten und seit damals alljährlich veranstalteten **Foire du livre** (Buchmesse) machte sich die 20 000 Einwohner große Nachbarstadt von Basel auf den Weg zur Kulturmetropole in der Provinz. Weitere Stationen auf diesem Weg waren die Gründung des Laientheaterfestivals **Théâtra** (jeweils im Oktober), der Bau des **Théâtre La Coupole** mit angeschlossenem Kinokomplex und der Umbau einer stillgelegten Spirituosenfabrik zum **Espace d'Art Contemporain Fernet Branca** für zeitgenössische Kunst.

Route de la Carpe frite

Kreuz und quer durch den Sundgau führt die ausgeschilderte Touristenstraße »Route de la Carpe frite« (Straße des gebackenen Karpfens). An ihr liegen ca. 30 Lokale, in denen die Küchenchefs diese regionale Spezialität nach traditionellen Rezepten zubereiten. Eine übersichtliche Landkarte mit einem Verzeichnis der beteiligten Restaurants findet man unter der Webadresse: www.sundgau-sud-alsace.com.-

Shopping

Aux Saveurs des Lys
35, rue de Mulhouse
Tel. 03 89 69 11 17
www.aux-saveurs-des-lys.com
Ein Paradies für Käseliebhaber mit
150 Sorten. Der Besitzer zählt zu den
besten Affineurs Frankreichs.

La Petite Camargue 31

»Urwald am Rhein« nennen manche dieses nördlich von St-Louis liegende Naturschutzgebiet, das mit Raritäten wie Orchideenwiesen, der selten gewordenen blauen Küchenschelle, mit Nachtigallen und sogar mit dem in allen Farben schillernden Eisvogel aufwarten kann.

Vor allem für Vogelfreunde ist das Gebiet eine echte Attraktion, handelt es sich doch um einen Lebensraum für u.a. Blässhuhn, Ringeltaube, Kiebitz, Kormoran, Graureiher und verschiedene seltene Entenarten. Es gibt markierte Wege, Informationstafeln (auch auf Deutsch) und Unterstände zur Tierbeobachtung.

Ottmarsheim 32

Der unscheinbare Ort war früher Sitz eines Benediktinerinnenklosters. Offensichtlich nahm der Baumeister der *Kirche sich Mitte des 11. Jhs. die Pfalzkapelle Karls des Großen in Aachen als Vorbild für den achteckigen Zentralbau mit zweigeschossigem Umgang.

Hotel

Als Hôtel
Carrefour de la Vierge
Tel. 03 89 26 06 07
www.alshotel.com
Einfaches Hotel mit 40 modernen Zimmern und hauseigenem Restaurant. ●

Neuf-Brisach 33

Im Jahr 1697 war der Sonnenkönig Louis XIV. gezwungen, sich aus dem rechtsrheinischen Breisach zurückzuziehen. Er fasste daraufhin den Entschluss, seinen Festungsbaumeister Vauban 5 km vom Rheinufer entfernt die neue, von einer sternförmigen Wehrmauer geschützte Stadt errichten zu lassen. Auf einem 2,5 km langen Weg kann man die gut erhaltenen Mauern umrunden und die beiden Tore **Porte de Belfort** mit dem Vauban-Museum (Mai–Okt. tgl. außer Di 10–12 und 14–17 Uhr) und **Porte de Colmar** im barocken Stil besichtigen.

Biesheim 34

Archäologen aus Paris, Basel und Freiburg legen bei diesem Dorf in der Rheinebene seit Jahren eine der bedeutendsten römischen Siedlungen am Oberrhein frei, die offenbar vom 1. bis zum 4. Jh. n.Chr. existierte. Im **Musée Gallo-Romain** sind viele Fundstücke ausgestellt (www.ville-biesheim.fr, Mi, Fr 14–17.30, Do 9–12 und 14–17.30, Sa–So 14–17 Uhr).

Das mittelalterliche Stadttour
Porte de la Craffe in Nancy

Metz und Nancy

Nicht verpassen!

- In Metz als Reiseerinnerung die wehrhafte Porte des Allemands fotografieren
- In einem Straßencafé in Nancy die unnachahmliche Atmosphäre der Place Stanislas auf sich wirken lassen
- Im Musée de l'École de Nancy über die Arbeiten berühmter Glaskünstler staunen

Zur Orientierung

Das auf einem Hügel am Zusammenfluss von Mosel und Seille gelegene **Metz** (128 000 Einw.) ist die Hauptstadt Lothringens. Archäologische Funde beweisen, dass dort schon drei Jahrtausende vor unserer Zeitrechnung Menschen lebten, ehe die Kelten sich ansiedelten bzw. die Römer die Gegend eroberten. Im Mittelalter, als mit der Porte des Allemands ein stattliches Tor entstand, spielte die Stadt eine führende Rolle und war zeitweise nach Köln die zweitgrößte Metropole im Heiligen Römischen Reich Deutscher Nation. In jüngerer Vergangenheit stand sie mehrmals unter deutscher Verwaltung.

Viele Architekturzeugnisse der Vergangenheit wie die berühmte Kathedrale Saint-Etienne entstanden aus gelbem Kalkstein, der auch andere Sakral- und Profanbauten prägt. Dass sich Metz aber auch mit neuzeitlichen Baukonzepten anfreundet, zeigt die brandneue Filiale des Pariser Kulturzentrums Centre Pompidou.

Nancy (106 000 Einw.) wurde unter dem polnischen Exkönig Stanislas Leszczynski zu einer glanzvollen Residenz ausgebaut und verdankt dem Monarchen mit der Place Stanislas einen der schönsten Stadtplätze Europas. Von seinem Schwiegersohn Louis XV. hatte er Lothringen 1738 als Lehen auf Lebenszeit erhalten und sorgte in der Folge für den Aufbau des Stadtkerns von Nancy. Interessante Museen und erholsame Parks tragen zum Reiz der Hauptstadt des Départements Meurthe-et-Moselle bei.

Verkehrsmittel

Der **Bahnhof Lorraine TGV** liegt 27 km südl. von Metz und 37 km nördl. von Nancy an der Hochgeschwindigkeitsstrecke (www. tgv.com). Die Regionalzüge von TER Lorraine bedienen zahlreiche Orte in Lothringen (www. ter-sncf.com/Lorraine).

Zum **Flughafen Metz-Nancy-Lorraine** dauert die Fahrt ca. 30 Min. mit dem Bus vom Zentrum von Metz bzw. Nancy (www.metz-nancy-lorraine.aeroport.fr).

Metz liegt an der **Autobahn A4** (Paris 330 km; Straßburg 163 km), von Nancy nach Straßburg sind es auf der N 333 150 km.

In der Kathedrale St-Etienne

10 Unterwegs in **Metz

Als Stadtflaneu-re am Moselufer

– ⑭ – **Cathédrale St-Etienne**
› **Museen in der Cour d'Or**
› **Südlich der Kathedrale ›
St-Pierre-aux-Nonnains ›
Notre-Dame-de-l'Assomption
› Porte des Allemands › St-
Maximin › Centre Pompidou**

Dauer: ½ Tag, Museumsbesuche nicht eingerechnet.
Praktische Hinweise: Von April bis Ende September dreht die Touristenbahn Petit Train auch auf Deutsch kommentierte Besichtigungsrunden durch die Stadt (Buchung im Tourismusbüro).

**Cathédrale St-Etienne ❶

Die Stephanskathedrale (www.cathedrale-metz.fr) steht über den Grundmauern mehrerer Vorgängerbauten. Offizieller Baubeginn war 1220, aber erst in der zweiten Jahrhunderthälfte wurde mit dem Bau des Langhauses und des Chors der Marienkirche begonnen. Eingeweiht wurde der Sakralbau nach Fertigstellung von Querhaus und Umgangschor erst 1546. Vom originalen Skulpturenschmuck blieb nur wenig erhalten. Die Westfassade wurde nach einer Umgestaltung im 18. Jh. im folgenden Jahrhundert im neu-gotischen Stil erneuert. Auf der rechten Seite schließt sich der **Portail de la Vierge** an. Dieses Portal besitzt ein Tympanon mit einer Darstellung von Marientod und -krönung aus der ersten Hälfte des 13. Jhs. Am ursprünglichen Hauptportal der Marienkirche an der Nordseite blieben Sockelreliefs aus dem letzten Viertel des 13. Jhs. erhalten.

Der Innenraum

Höhe und Weite des lichten Innenraums begeistern. Fast 42 m Scheitelhöhe misst das Mittelschiff, ihr entspricht eine Breite von 13,50 m bei einer Gesamtlänge von 123 m. Außerdem faszinieren die riesigen **Fenster.** In kaum einer anderen Kirche sind die Wandflächen so konsequent in Buntglas aufgelöst wie hier. Die ältesten Scheiben auf der Nordseite des Südquerhauses entstanden bereits im 13. Jh. Hermann von Münster schuf 1384 die Westrose. In den Querhausarmen arbeiteten an der Nordseite 1504 Theobald von Lixheim und an der Südseite 1520 der Straßburger Valentin Busch. Seine Werke gehören bereits der Renaissance an. Berühmte Künstler des 20. Jhs. setzten die Tradition fort: 1957 stattete Jacques Villon die Bischofskapelle mit neuen Scheiben aus; Werke von Marc Chagall sind im Chorumgang und im Nordquerhaus zu finden.

Die **Krypta** stammt z.T. noch vom ottonischen Vorgängerbau und dient heute als Museum. Zum *Kirchenschatz gehören ein kleiner Tragaltar, Bischofsstäbe, Ornate und ein Ring des Bischofs Arnoult (Öffnungszeiten der Kathedrale Mai–Sept. 8–19, Okt.–April 8–18 Uhr).

Von den vier Türmen bietet sich der **Tour de Mutte** als fantastische Aussichtsplattform an. Besonders eindrucksvoll sind **Turmbesteigungen in der Nacht,** die

Echt gut!

im Sommer angeboten werden (Tel. 03 87 75 54 61).

Museen in der Cour d'Or 2

Im ehemaligen Karmeliterkloster präsentieren fünf Museen umfangreiche Sammlungen aus galloromanischer, merowingischer und mittelalterlicher Zeit. Sie beziehen ihren Reiz nicht zuletzt aus den historischen Räumlichkeiten, weil sie um die im Untergeschoss zu sehenden Überreste antiker

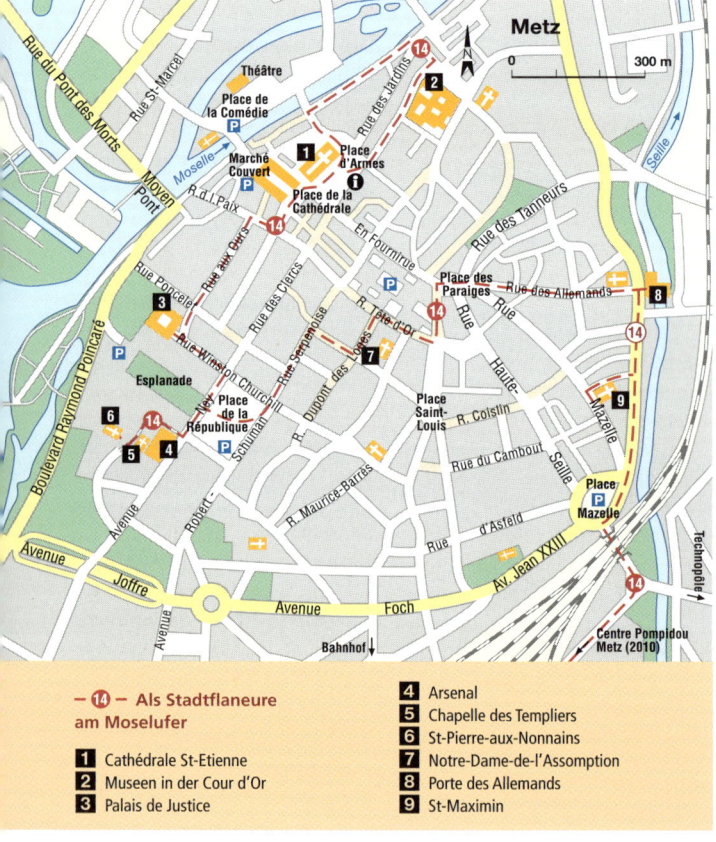

Metz

0   300 m

– 14 – Als Stadtflaneure am Moselufer

1 Cathédrale St-Etienne
2 Museen in der Cour d'Or
3 Palais de Justice
4 Arsenal
5 Chapelle des Templiers
6 St-Pierre-aux-Nonnains
7 Notre-Dame-de-l'Assomption
8 Porte des Allemands
9 St-Maximin

Thermen gruppiert sind. Ein Mithras-Altar aus römischer Zeit zählt zu den bedeutenden Exponaten. Aus dem frühen Mittelalter stammen die ***Chorschranken** der Kirche St-Pierre-aux-Nonnains mit 34 Steintafeln. Eine Gemäldegalerie zeigt neben einigen interessanten Herrscherbildnissen Werke von Andrea Mantegna, Correggio, Jan Polack, Francisco de Zurbarán und Anthonis van Dyck (http://musees.ca2m.com, Öffnungszeiten aller Museen Mitte Mai–Mitte Sept. tgl. außer Di 10–18, sonst Mo–Fr 9–17, Sa–So 10–17 Uhr, jeden 1. So im Monat Eintritt frei).

Südlich der Kathedrale

Zu den auffallenden repräsentativen Zweckbauten gehören der **Palais de Justice** 3, der 1776 als Gouverneurssitz errichtet wurde und einen Ehrenhof umschließt. In der Nachbarschaft dehnt sich am Standort einer früheren Zitadelle die **Esplanade** mit Blumenbeeten und Rasenflächen Richtung Flussufer aus. In Zusammenarbeit mit einheimischen Architekten war der Katalane Ricardo Bofill für den Umbau des aus dem 19. Jh. stammenden **Arsenal** 4 zum Kultur- und Musikzentrum verantwortlich.

Chapelle des Templiers 5

Diese kleine Kapelle steht hinter dem Arsenal. Der um 1200 errichtete achtseitige Zentralbau ist der einzige Überrest eines Klosters des Templerordens und be-

Fenster von Marc Chagall

herbergt heute Ausstellungen (Juni–Sept. tgl. außer Mo 13–18, Sa 14–18 Uhr, Okt.–Mai und Feiertage geschl.).

*St-Pierre-aux-Nonnains 6

Dieser älteste Sakralbau Frankreichs hat eine spannende baugeschichtliche Vergangenheit. Nachweislich errichtete man bereits um das Jahr 310 an dieser Stelle eine Halle. In der zweiten Hälfte des 6. Jhs. wurde die Apsis abgerissen, das Gebäude zur Kirche eines Frauenklosters umfunktioniert. Dabei wurden auch die Chorschranken eingebaut, die sich heute im Museum befinden (s.o.). Um das Jahr 1000 wurde die Kirche in drei Schiffe unterteilt und erhielt eine Vorhalle. Zur Zeit der Spätgotik wurden Gewölbe eingezogen und ein Kreuzgang gebaut, der teilweise noch erhalten ist. Die Kirche wird heute für Veranstaltungen genutzt (tgl. außer Mo 14–18 Uhr).

Porte des Allemands

Notre-Dame-de-l'Assomption [7]

Auf dem Weg von der Mosel zur Seille sollte man dieser ehemaligen Jesuitenkirche einen Besuch abstatten. Die Pläne für den ersten Barockbau stammten von einem Ordensbruder. Die Orgel wurde einst für eine Trierer Kirche gebaut.

Auf der nahe gelegenen **Place St-Louis** schaffen alte Häuser mit schützenden Laubengängen ein sehenswertes Ambiente.

*Porte des Allemands [8]

Das Doppeltor (»Tor der Deutschen«) an der Seille, einst Teil der Stadtbefestigung, geht auf eine Niederlassung des Deutschen Ordens zurück (daher der Name). Das innere Tor mit den spitzen Dächern entstand im 13. Jh. Eine befestigte Brücke stellt erst seit dem 16. Jh. eine Verbindung mit den beiden mächtigen äußeren Türmen her.

*St-Maximin [9]

Einen Besuch verdient auch die Kirche St-Maximin unweit des Seille-Ufers. Immer wieder wurde an dem Bau, der im 10. Jh. erstmals urkundlich erwähnt wurde, gearbeitet. Sehenswert ist die spätgotische Kapelle der Familie Gournay. Die Chorfenster entwarf Jean Cocteau.

Centre Pompidou-Metz

In Bahnhofsnähe hat die neue Zweigstelle des Pariser Kulturzentrums Centre Pompidou ihren Standort. Das mit einem hutförmigen Dach ausgestattete Gebäude soll im Mai 2010 eröffnet werden. Eine Webcam informiert über den Fortschritt der Bauarbeiten (www.centrepompidou-metz.fr).

Info

Office de Tourisme
2, place d'Armes
Tel. 03 87 55 53 73
http://tourisme.metz.fr

Hotels

■ Hôtel Restaurant La Bergerie
10, rue de la Bergerie
Argancy (Rugy)
Tel. 03 87 77 82 27
www.chateauxhotels.de
Der rustikale Landgasthof bietet keine angestaubte Romantik, sondern 48 individuell in kräftigen Farben eingerichtete Zimmer. Die Küche des Hauses ist mehr als überzeugend. ●●–●●●

■ Hôtel Foch
8, av. Foch][**Tel. 03 87 74 40 75**
www.foch-hotel.com
Einfaches Hotel im Zentrum von Metz nahe der Fußgängerzone mit 38 schallisolierten Zimmern. ●

■ Auberge de Jeunesse
1, allée de Metz Plage
Tel. 03 87 30 44 02
www.ajmetz.fr
Zentral gelegene, komplett renovierte Jugendherberge mit 10 Zimmern zu je 6 Betten und 2 Einzelzimmern auf zwei Etagen. ●

Restaurants

■ Maire
1, rue du Pont des Morts
Tel. 03 87 32 43 12
www.restaurant-maire.com
Di und Mi Mittag geschl.
Gourmet-Lokal am Mosel-Ufer; von der Veranda Blick auf die Stadt. ●●●

■ Bistro des Sommeliers
10, rue Pasteur
Tel. 03 87 63 40 20][**So geschl.**
Weinbar mit guten kleinen Gerichten wie Salat mit Räucherlachs-Ravioli. ●●

Nightlife

L'Endroit (20, rue aux Ours, Tel. 03 87 35 95 64), **Club 1900** (1, rue Mangin, Tel. 03 87 65 77 70) und **Le Madison** (11, rue des Augustins, Tel. 03 87 74 77 47) sind beliebte Diskotheken.

Shopping

■ Im **Marché Couvert** (Markthalle) neben der Kathedrale bieten Bauern frische Ware an (Mo–Sa).

■ Jeden ersten und dritten Samstag im Monat findet in der **Foire Internationale de Metz** ein großer Flohmarkt statt (6–12 Uhr).

■ Galeries Lafayette
4, rue Winston Churchill
www.galerieslafayette.com
Mo–Sa 9.30–19.30 Uhr
Großes Kaufhaus mit allem, was der Mensch braucht.

Aktivitäten

Auf 45-minütigen **Bootsfahrten** ab dem Quai des Régates lernt man die Stadt von der Mosel aus kennen (**www.lelorraine.com, Infos im Office de Tourisme**).

Ausflug nach Thermapolis

In diesem Thermal- und Erlebnisbad in einem Wald ca. 20 km nördlich von Metz in Amnéville-lès-Thermes gibt es Außen- und Innenbecken mit bis zu 35 °C warmem Wasser sowie verschiedene Fitness-Zonen. Orientalische Dampfbäder und Saunen ergänzen das Angebot (avenue de l'Europe, Tel. 03 87 71 83 50, www.polethermal.com, 3 Std. für 14,30 €, ganzjährig Mo–Mi 10–22, Do 9–22, Fr–Sa 10–24, So 9–20 Uhr).

Unterwegs in **Nancy

Zu Besuch beim Welterbe Nancy

– ⑮ – **Place Stanislas › Place d'Alliance › Place de la Carrière › Palais Ducal › Couvent des Cordeliers › Porte de la Craffe › Place St-Epvre › Die Neustadt**

Dauer: ½ Tag, Museumsbesuche nicht eingerechnet.
Praktische Hinweise: Besucher können mit City-Pässen bei Museumsbesuchen, Stadtführungen, Bootsfahrten und Transportmitteln Geld sparen (Infos im Office de Tourisme).

11 ***Place Stanislas 1

Herzstück der Stadt ist der zwischen 1751 und 1760 auf Veranlassung von Stanislas angelegte Platz, den die UNESCO ebenso zum Weltkulturerbe zählt wie die sich anschließende Place de la Carrière und die wenige Schritte weiter östlich liegende Place d'Alliance. Diese Stadtplätze gehören zu den herausragenden Beispielen des klassizistischen Städtebaus in Europa. Glanzstück des von Emmanuel Héré (1705–1763) entworfenen Ensembles ist die verkehrsberuhigte Place Stanislas, die von eleganten Gebäudefassaden und an jeder der vier Ecken von vergoldeten Gittern des Kunstschmieds Jean Lamour eingefasst ist. Den Mittelpunkt des Platzes bildet ein Stanislas-Denkmal.

Die Südseite begrenzt das **Hôtel de Ville** (Rathaus). Den Giebel in der Mitte ziert das Wappen der Familie Leszczynski. Teile der Innenausstattung blieben erhalten, z.B. ein 25 m langes Treppengeländer von Jean Lamour, dessen Handlauf aus einem Stück gearbeitet ist.

Auf der Ost- und Westseite folgen die Bauten dem Vorbild des Rathauses, gen Norden schließen zwei einstöckige Pavillons und zwei Brunnen an. Einen starken Akzent setzen die schmiedeeisernen Ziergitter von Jean Lamour.

Das **Musée des Beaux-Arts** (3, place Stanislas) zeigt ein breites Spektrum von Gemälden aus dem 14. bis 20. Jh., wobei insbesondere Werke aus Frankreich und den europäischen Nachbarländern vertreten sind (tgl. außer Di 10–18 Uhr).

***Place d'Alliance 2

Wo sich bis um die Mitte des 18. Jhs. die herzöglichen Gemüsegärten befanden, ließ Architekt Héré als Symbol der Heiligen Allianz zwischen Frankreich und Österreich-Ungarn diesen Platz anlegen. In seinem Zentrum steht ein barocker, vom belgischen Bildhauer Paul-Louis Cyfflé entworfener Brunnen.

Um die ***Place de la Carrière

Der monumentale Triumphbogen – für Louis XV. errichtet und einem antiken römischen Vorbild nachempfunden – leitet über zur **Place de la Carrière 3**. Emmanuel Héré bezog diesen einstigen Turnierplatz geschickt in seine architektonische Gesamtplanung mit ein.

Den Abschluss des lang gestreckten Areals bildet die **Place Hémicycle du Général de Gaulle** mit dem ehemaligen Gouvernementspalais, dem Sitz des Vertreters des Königs in Nancy.

Stanislas beeinflusste auch die Konzeption der großen Grünanlagen **Parc de la Pépinière.** Der Park, der seit 1765 für die Öffentlichkeit zugänglich ist, wurde in einen englischen Garten umgewandelt und ist eine herrliche grüne Oase im Zentrum. Eine von Auguste Rodin geschaffene Statue erinnert an den Landschaftsmaler Claude Lorrain.

Nancy (Innenstadt)

0   300 m

Place du Luxembourg

Parc de la Pépinière

Palais du Gouvernement

Hémicycle du Général-de-Gaulle

St-Epvre

Arc de Triomphe

Théâtre

Place

Carnot

Musée des Beaux Arts

Hôtel de Ville

Place d'Alliance

Place Dombasle

Place Mgr-Ruch

Marché Couvert

Musée de l'Ecole de Nancy

– 15 – Zu Besuch beim Welterbe Nancy

1 Place Stanislas
2 Place d'Alliance
3 Place de la Carrière
4 Palais Ducal
5 Couvent des Cordeliers
6 Porte de la Craffe
7 Place St-Epvre
8 Maison des Adam
9 Cathédrale Notre-Dame
10 Musée de l'Histoire du Fer

*Palais Ducal 4

Mit dem Herzogspalast ließ Anton von Lothringen Anfang des 16. Jhs. die alte Residenz ersetzen. Sie stand seit dem späten 13. Jh. an dieser Stelle, wurde jedoch im Krieg gegen Karl den Kühnen in Mitleidenschaft gezogen. Die ***Porterie,** der prunkvolle Eingangsbereich mit dem Reiterstandbild des Herzogs, orientiert sich am königlichen Schloss von Blois an der Loire. Dieser Teil der Fassade entstand 1511/12 und weist noch einen gotischen Aufbau auf, der aber bereits mit Renaissanceformen gefüllt ist.

Da Stanislas den Palast nicht nutzte, übergab er ihn 1739 der Stadt. Seit dem 19. Jh. zeigt dort das ****Musée Lorrain** seine Sammlungen und vermittelt einen umfassenden Einblick in die Geschichte Lothringens. Die Exponate im ehemaligen Festsaal beschäftigen sich mit dem Herrscherhaus, daneben gibt es prähistorische und antike Funde, Kunst und Kunsthandwerk aus verschiedenen Epochen sowie ein spezielles Apothekenmuseum zu sehen (tgl. außer Mo 10–12.30 und 14–18 Uhr).

*Couvent des Cordeliers 5

Herzog René II. siedelte die Franziskanermönche direkt neben seinem Palais an. Das **Couvent des Cordeliers,** das zwischen 1485 und 1487 errichtet wurde, ist der einzige noch erhaltene gotische Sakralbau der Bettelmönche in der Stadt. René II. erklärte ihn zur herzoglichen Grablege. 1607 wurde die **Chapelle Ducale,** die links neben dem Chor liegende Herzogliche Kapelle, hinzugefügt. Die Grabmäler fanden inzwischen im Langhaus der Kirche Aufstellung. Herausragend ist die vom lothringischen Bildhauer Ligier Richier (> S. 36) stammende Grabfigur der Philippa von Geldern, der zweiten Frau von Herzog René II. Der Künstler schuf auch das Doppelgrabmal des René de Beauvau und seiner Frau in einer der Seitenkapellen. Die restlichen Gebäude des ehemaligen Klosters werden vom **Musée Régional des Arts et Traditions Populaires** genutzt. (Öffnungszeiten des Klosters tgl. außer Di 10–18 Uhr.)

*Porte de la Craffe 6

Als einziges noch erhaltenes mittelalterliches Stadttor bildet die Porte de la Craffe den nördlichen Abschluss der Grand' Rue. In der zweiten Hälfte des 15. Jhs. wurde der Wall mit den beiden mächtigen Rundtürmen verstärkt. Das Lothringer Kreuz im Bogenfeld wurde im 19. Jh. hinzugefügt.

Für den Rückweg zur Place Stanislas bieten sich Gassen und Straßen linker Hand wie die Rue Haut-Bourgeois, Rue des Loups und die Rue Trouillet mit ihren fotogenen alten Häusern an.

Place St-Epvre 7

Das Leben in der Altstadt konzentriert sich auf die große Place St-Epvre, dem ehemaligen Markt- und Handelsplatz des Mittelalters. In seiner Mitte steht ein Brunnen

Abendliches Nancy mit Blick auf die beleuchtete Kathedrale Notre-Dame

mit einer Statue von René II., die im 19. Jahrhundert von Mahias Schiff angefertigt wurde. Den Platz dominiert die von 1865 bis 1871 errichtete neugotische **Basilika St-Epvre.**

Die Neustadt

Südlich der Place Stanislas erstreckt sich die Neustadt, die Herzog Karl III. Mitte des 16. Jhs. anlegen ließ.

Maison des Adam 🞱

In der Rue des Dominicains Nr. 57 steht das sehenswerte Haus der Bildhauerfamilie Adam. Die Fassade und den Fries mit Tierallegorien aus vier Weltteilen gestaltete Jacob Sigisbert.

Cathédrale Notre-Dame 🞲

Die Kathedrale wurde zwischen 1703 und 1742 errichtet. An ihrer Planung waren auch Jules Hardouin-Mansart und einer seiner Schüler beteiligt. Hinter einer monumentalen Fassade, die mit ihrer Umgebung ein reizvolles Ensemble bildet, verbirgt sich eine dreischiffige Säulenbasilika mit Seitenkapellen und Querhaus. Das Prunkstück des Kirchenschatzes ist neben kostbaren Goldschmiedearbeiten das Evangeliar des hl. Gauzelin.

Musée de l'Histoire du Fer 🞳

Seit Jahrtausenden spielt die Gewinnung von Eisen für die menschliche Zivilisation eine wichtige Rolle. Vom ersten Eisenerzabbau um 1500 v. Chr. über das Aufkommen erster Hochöfen und die Produktion von Gusseisen zwischen dem 15. und 18. Jh. bis zum frühen 20. Jh. dokumentiert das Museum die für Lothringen so bedeutende Geschichte des Eisens und dessen Verarbeitung (Mo und Mi–Fr 14–17, im Sommer bis 18, Sa–So und feiertags 10–12 und 14–18 Uhr).

119

Info

Office de Tourisme
14, place Stanislas
Tel. 03 83 35 22 41
www.ot-nancy.fr

Hotels

■ Grand Hôtel de la Reine

2, pl. Stanislas][**Tel. 03 83 35 03 01**
www.hoteldelareine.com
Luxushotel mit 42 Zimmern und Suiten
in einem Palast des 18. Jhs., dessen
Lage schon für sich spricht. ●●●

Die interessantesten Märkte und Messen

■ Über 250 000 Besucher lockt die
alljährlich im August stattfindende
Foire aux Vins (Weinmesse) nach
Colmar – auch wegen der Live-
Konzerte internationaler Gruppen
und Interpreten › S. 38.

■ Die stimmungsvollsten **Weihnachtsmärkte** richtet im Dezember
Colmar auf mehreren Plätzen in der
romantisch geschmückten Altstadt
aus › S. 92.

■ Jedes Jahr findet Ende Juni mit der
Euro-Mineral in Ste-Marie-aux-Mines
eine große, internationale Mineralien-
messe mit Verkaufsausstellungen und
Tauschbörsen von Mineralien, Fossili-
en und Edelsteinen statt.

■ Zu einem Fest der Sinne hat sich
der **Marché de Mulhouse** entwickelt,
der sein Flair u.a. nord- und west-
afrikanischen Händlern und Kunden
verdankt › S. 106.

■ Der in der Rue St-Dizier gelegene
Marché Couvert in Nancy ist ein
Glanzlicht aus Barock- und Jugendstil
(Di–Sa 7–19 Uhr).

■ Hôtel des Prélats

56 place Mgr Ruch
Tel. 03 83 30 20 21
www.hoteldesprelats.com
Für Spaziergänge durch die Innenstadt
ideal gelegenes Haus in der Nachbarschaft der Kathedrale, modern eingerichtete Zimmer. ●–●●

■ Auberge de jeunesse

149, rue de Vandoeuvre
Villers-lès-Nancy
Tel. 03 83 27 73 67][**www.fuaj.org**
In einem stattlichen Schloss eingerich-
tete Jugendherberge mit insgesamt
60 Betten. ●

Restaurants

Von der Südwestecke der Place de la
Carrière zweigt die Rue des Maréchaux
ab, an der sich zahlreiche Restaurants
aneinanderreihen.

■ Brasserie Flo Excelsior

50, rue Henri Poincaré
Tel. 03 83 35 24 57
www.brasserie-excelsior.com
tgl. ab 8 Uhr
Wunderschönes, im Stil der Belle
Époque eingerichtetes Lokal mit
guten Gerichten. ●●

■ La Mignardise

28, rue Stanislas
Tel. 03 83 32 20 22
www.lamignardise.com
tgl. 12.30–13.30 und 19–21.30 Uhr
Mitte Juli geschl.
In dem modern eingerichteten Lokal
besticht nicht nur die einfallsreiche
Küche, sondern auch das kreativ gestaltete Innere. ●●–●●●

■ Taverne d'Arbois

21, rue Bailly
Tel. 03 83 32 39 30][**So geschl.**
Wegen des Dekors braucht man das
Lokal nicht zu besuchen, wegen der

traditionellen französischen Küche schon. ●–●●

■ **Antika**
3–5, rue Marcel Brot
Tel. 03 83 37 18 38
Do–Sa ab 22.30 Uhr
Disco im ägyptisch-griechischen Stil im Unterhaltungskomplex Le Pharos mit Go-go-Girls, Karaoke, Studentenfeten, Bowlingbahn, Bar und Restaurant.

■ **Blue Note Why Not**
3, rue des Michottes
Tel. 03 83 30 31 18
Mi–So ab 23–5 Uhr
Die DJs sorgen in zwei Sälen für heiße Rhythmen auf den Tanzflächen.

Ausflüge ab Nancy

Château de Haroué

Aus den Resten zweier älterer Burgen entstand ab 1720 dieses Schloss mit 365 Fenstern, 52 Schornsteinen, 12 Türmen und vier Brücken. Bei Führungen kann man Teile der Ausstattung, darunter wertvolle Möbel und Gemälde, bewundern (April–Juni u. Sept. Sa/So 14.30–18, Juli/Aug. tgl. 10–12 u. 14.30–18.30 Uhr, Eintritt 8,50 €, www.chateaude haroue.com). Das Schloss liegt ca. 40 km südlich von Nancy in Haroué an der D 9 (keine öffentlichen Transportmittel).

Saxon-Sion

Gleich bei dem Ort Saxon-Sion (37 km südwestlich von Nancy über die D 913) mit der Kirche Notre Dame de Sion ragt die halbkreisförmige Hügelkette ***Colline de Sion-Vaudémont** sehr auffällig aus der flachen, fruchtbaren Landschaft empor. Sie wird häufig auch als »colline inspirée« bezeichnet: Lothringens nationalbewusster Dichter Maurice Barrès (1862–1923) meinte, hier sei einer jener Orte, »wo der Geist weht«. Nur 2,5 km südlich von Saxon-Sion bietet der Aussichtspunkt ***Signal de Vaudémont** (541 m) das schönste Panorama.

Die École de Nancy

Der **Jugendstil (Art nouveau)** entwickelte sich um 1895 in mehreren europäischen Ländern als Gegenbewegung zum Historismus. In Nancy fanden die Künstler dank der nahe gelegenen Eisenindustrie und zahlreichen Glashütten optimale Arbeitsbedingungen. 1901 gründete Emile Gallé eine Vereinigung, die eine umfassende künstlerische, ästhetisch ansprechende Gestaltung von Gebrauchsgegenständen propagierte. So entstand die Schule von Nancy, die die Stadt zu einem der bedeutendsten Zentren des Jugendstils in Frankreich machte. Ihr gehörten u.a. die Glaskünstler Antonin Daum und Jacques Gruber, der Kunsttischler Louis Majorelle sowie die Architekten Emile André und Henri Gutton an. Ihre Arbeiten präsentiert das ***Musée de l'École de Nancy** (36–38, rue du Sergent Blandan, www.ecole-de-nancy.com, Mi–So 10.30–18 Uhr).

Lothringen

Nicht verpassen!

- Das eindrucksvolle Centre Mondial de la Paix in Verdun besuchen
- Durch die reizenden Kurparks von Contrexéville oder Vittel spazieren
- Im Parc Naturel Régional de Lorraine am Lac de Madine entspannen

Zur Orientierung

Wer dem Umland von Mosel, Maas und Meurthe einen Besuch abstattet, wird weder über hohes Verkehrsaufkommen noch überfüllte Lokale oder Warteschlangen vor Museumskassen zu klagen haben. In dieser ländlichen Gegend liegen die meisten Kleinstädte und Dörfer in idyllischen Flusstälern und abwechslungsreichen Landschaften, die zu Freizeitaktivitäten unter freiem Himmel verlocken, wie der Parc Naturel Régional de Lorraine. Einzige Ausnahme bildet die urbane Region um den Industriestandort Thionville. Aber selbst dort gibt es einen reizvollen Park, der dem Château de la Grange einen grünen Rahmen verleiht.

Abgesehen von ländlichem Flair hat Lothringen auch Kunst und Kultur zu bieten, wie man unschwer auf der dem großen Bildhauer gewidmeten Künstlerroute Ligier Richier feststellen kann. Auch historisch Interessierte werden sich nicht langweilen, wenn sie in Verdun Denkmäler und Stätten zum Gedenken an verheerende Kriege aufsuchen oder im Süden der Region um Vaucouleurs und Domrémyla-Pucelle den Spuren der französischen Nationalheiligen Jeanne d'Arc folgen. Ist nach einer Lothringen-Tour Entspannung ange-

Jeanne d'Arc Denkmal in Demrémy-la-Pucelle

sagt, sind die Kur- und Badeorte in den Südvogesen genau das Richtige.

Touren in der Region

Zwischen Mosel und Maas

⑯ **Metz › Amnéville-lesThermes › Thionville › Étain › Verdun › St-Mihiel › Parc Naturel Régional de Lorraine › Pont-à-Mousson › Gorze**

Länge: 220 km
Dauer: 2–3 Tage
Praktische Hinweise: Mit dem Pass Musées et Monuments bekommt man ermäßigten Eintritt zum Fort de Vaux, dem Mémorial, Ossuaire und Fort de Douaumont (Erw. 13,50 €, Kinder 7,50 €).

Die zwischen Mosel und Maas liegende Gegend ist durch z.T. unübersehbare Kontraste gekennzeichnet. Nördlich von ****Metz › S. 111** erstreckt sich über das Freizeitparadies **Amnéville-lesThermes › S. 127** und das ehemalige Industrierevier **Thionville › S. 127** ein eher städtisch bzw. industriell geprägter Korridor entlang der Mosel und der ihr folgenden Autobahn A 31.

Étain › S. 128 ist eine Station an der Bildhauerroute Ligier Ri-

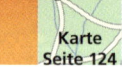

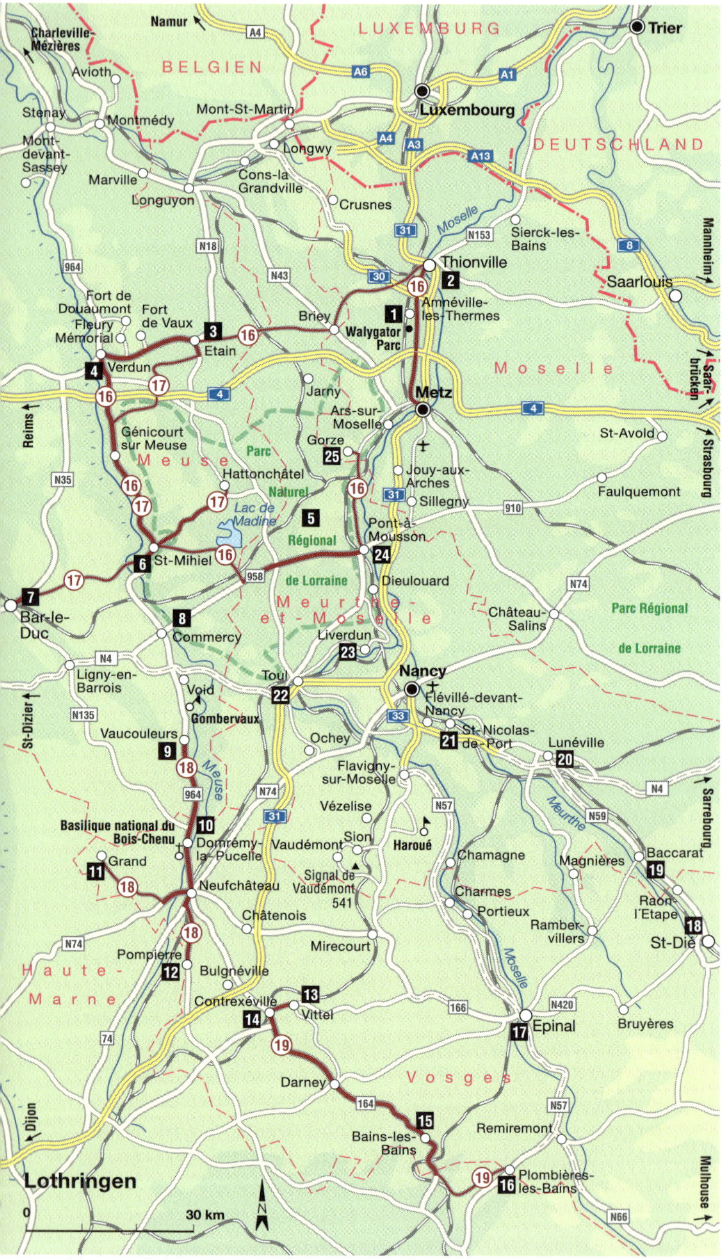
Lothringen
LUXEMBURG
BELGIEN
DEUTSCHLAND
Luxembourg
Trier
Namur
Charleville-Mézières
Avioth
Stenay
Montmédy
Mont-devant-Sassey
Marville
Longuyon
Mont-St-Martin
Longwy
Cons-la Grandville
Crusnes
Moselle
Sierck-les-Bains
Thionville
Saarlouis
Mannheim
Amnéville-les-Thermes
Walygator Parc
Briey
Fort de Douaumont
Fort de Vaux
Fleury Mémorial
Etain
Verdun
Jarny
Metz
Moselle
Saarbrücken
Reims
Génicourt sur Meuse
Meuse
Parc
Naturel
Régional
de Lorraine
Ars-sur-Moselle
Gorze
Hattonchâtel
Lac de Madine
Jouy-aux-Arches
Sillegny
St-Avold
Faulquemont
Strasbourg
Pont-à-Mousson
St-Mihiel
Dieulouard
Bar-le-Duc
Commercy
Meurthe-et-Moselle
Liverdun
Château-Salins
Parc Régional de Lorraine
Ligny-en-Barrois
Toul
Nancy
Void
Gombervaux
Fléville-devant-Nancy
St-Nicolas-de-Port
St-Dizier
Vaucouleurs
Ochey
Lunéville
Flavigny-sur-Moselle
Vézelise
Meurthe
Sarrebourg
Basilique national du Bois-Chenu
Grand
Domrémy-la-Pucelle
Vaudémont
Sion
Haroué
Chamagne
Magnières
Baccarat
Signal de Vaudémont 541
Neufchâteau
Charmes
Portieux
Raon-l'Etape
Châtenois
Rambervillers
St-Dié
Mirecourt
Pompierre
Haute-Marne
Bulgnéville
Contrexéville
Vittel
Epinal
Bruyères
Darney
Vosges
Dijon
Bains-les-Bains
Remiremont
Plombières-les-Bains
Mulhouse
0
30 km
N

chier, die dem berühmten Renaissancekünstler gewidmet ist. Der Ort liegt in einer Gegend mit provinziellem Charakter, der weite Teile von Lothringen zu einem stressfreien Urlaubsgebiet macht. Das gilt auch für ***Verdun** › S. 128, das trotz düsterer Kriegsmahnmale sympathisches Kleinstadtflair verströmt. Zwischen **St-Mihiel** › S. 130 mit seiner Richier-Kunst und dem hübschen Moselstädtchen ***Pont-à-Mousson** › S. 138 dehnt sich das grüne Freizeitparadies **Parc Naturel Régional de Lorraine** › S. 129 aus. Es bietet nicht nur vielfältige Möglichkeiten, sich zu entspannen und unter freiem Himmel zu betätigen, sondern für Kulturreisende auch Schlösser und Klöster wie die innerhalb der Parkgrenzen liegende ehemalige Abtei in **Gorze** › S. 138.

Künstlerroute Ligier Richier

 Étain › **Génicourt-sur-Meuse** › **Hattonchâtel** › **St-Mihiel** › **Bar-le-Duc**

Länge: 120 km
Dauer: 1 Tag
Praktische Hinweise: Die Kirchen entlang der Route sind zumindest an Wochenenden und Feiertagen von Mai bis September geöffnet.

In vielen Kirchen Lothringens trifft man auf die Arbeiten von Ligier Richier (ca. 1500–1567), dem bedeutendsten lothringischen Renaissancebildhauer. Nicht seinem Lebensweg, sondern seinen Werken folgt die Route Ligier Richier, die interessierten Besuchern der Region seine Bildhauerkunst näherbringen will. Die Touristenstraße beginnt im Norden in **Étain** › S. 128, wo die Pietà zu den bekanntesten Arbeiten von Richier gehört. In **Génicourt-sur-Meuse** sind sich die Experten mittlerweile einig, dass die »Kreuzigung Christi« in der Église Ste-Marie-Madeleine einem seiner Schüler zugeschrieben werden muss. Auch der in der Kirche von **Hattonchâtel** zu sehende Altaraufsatz warf schon Zweifel über seinen Schöpfer auf. Unumstritten ist, dass gefühlsbetonte Darstellungen religiöser Themen und beeindruckende Grabskulpturen des lothringischen Meisters in seinem Geburtsort **St-Mihiel** › S. 130 und in ***Bar-le-Duc** › S. 130 zu sehen sind.

 Zwischen Mosel und Maas **Metz** › Amnéville-les-Thermes › Thionville › Étain › Verdun › St-Mihiel › Parc Naturel Régional de Lorraine › Pont-à-Mousson › Gorze

 Künstlerroute Ligier Richier **Étain** › Génicourt-sur-Meuse › Hattonchâtel › St-Mihiel › Bar-le-Duc

 In der Heimat von Jeanne d'Arc **Vaucouleurs** › Domrémy-la-Pucelle › Grand › Pompierre

 Straße der heilenden Quellen **Contrexéville** › Vittel › Bains-les-Bains › Plombières-les-Bains

In der Heimat von Jeanne d'Arc

⊜ 18 ⊜ **Vaucouleurs › Domrémy-la-Pucelle › Grand › Pompierre**

Länge: 70 km
Dauer: ½ Tag
Praktische Hinweise: Im Zentrum von Vaucouleurs gibt es – nur Schritte vom Reiterstandbild der Jeanne d'Arc entfernt – einen großen Parkplatz.

Jedes Schulkind in Frankreich kennt die französische Nationalheilige und weiß, dass sie im südlichen Lothringen beheimatet war. Heutzutage kommt in dieser Gegend niemand an Jeanne d'Arc vorbei, weil Erinnerungsstätten an sie nicht nur bei Besuchern, sondern auch bei der lokalen Bevölkerung hoch im Kurs stehen.

In der Ortschaft **Vaucouleurs** › S. 131 überzeugte sie den Stadtkommandanten, sie im Schutz einer Eskorte durch Feindesland zum Dauphin nach Chinon zu schicken, um diesem im Kampf gegen die Engländer beizustehen. Zur Welt kam Jeanne d'Arc im weiter südlich liegenden ***Domrémy-la-Pucelle** › S. 132, wo noch ihr (allerdings stark verändertes) Geburtshaus steht.

Wer eine Runde durch das Land von Jeanne d'Arc mit Kunst und Kultur anreichern will, macht am besten einen kurzen Abstecher nach **Grand** › S. 132 zum römischen Amphitheater bzw. besichtigt am Ende der Tour in **Pompierre** › S. 132 die örtliche Kirche, die wegen ihres wunderschönen romanischen Portals nicht nur Architekturkenner in Bann schlägt.

Straße der heilenden Quellen

⊜ 19 ⊜ **Contrexéville › Vittel › Bains-les-Bains › Plombières-les-Bains**

Länge: 70 km
Dauer: ½ Tag
Praktische Hinweise: In den Kurorten darf man das geschätzte Mineralwasser kostenlos abfüllen und mit nach Hause nehmen.

Seit Jahrhunderten genutztes Mineralwasser macht die Kurorte entlang der Bäderroute im südlichen Lothringen zum Wellnessziel. Wo sich die Vorberge der Vogesen zu wellen beginnen, haben etwa die schon von den Römern in Anspruch genommenen Thermenanlagen von **Contrexéville** › S. 132 längst eine über die Landesgrenzen hinaus reichende Reputation. Das gilt auch für das benachbarte, mit einem reizenden Kurpark ausgestattete **Vittel** › S. 132, das jedem französischen Mineralwasserkonsumenten ein Begriff ist. Eine Spur provinzieller geht es in **Bains-les-Bains** › S. 133 und **Plombières-les-Bains** › S. 133 zu, wo der Kurbetrieb noch traditionellere Züge trägt als in den beiden anderen Orten.

Unterwegs in Lothringen

Amnéville-les-Thermes **1**

Mit dem **Zoo d'Amnéville** › S. 22 besitzt der Ort eine zugkräftige Attraktion. Rund 2000 Tiere aus fünf Kontinenten präsentieren sich zum Teil bei interessanten Shows wie etwa bei Nilpferd- und Pinguinfütterungen, aber auch bei Flugvorführungen von Greifvögeln. Die Stars des Tierparks sind weiße Tiger (www.zoo-amneville.com, April–Sept. 9.30–19.30, Okt.–März 10 Uhr bis Einbruch der Dunkelheit).

Thionville **2**

Die Stadt (42 000 Einw.) an der Mosel stieg im 19. Jh. zum Zentrum der lothringischen Industrie auf. Im Mittelalter ließen die Gra-fen von Luxemburg die Stadt zu einer mächtigen Festung aus-bauen. Nach dem Anschluss an Frankreich erhielt Vauban 1643 den Auftrag, die Befestigungs-anlagen zu modernisieren.

Am **Cours du Château** im Stadtzentrum stehen einige inter-essante Palais, und auch das Stadt-tor **Porte de Clarisses** lohnt einen Blick. Der **Tour aux Puces** ist ein Überrest des Schlosses der Lu-xemburger. Im Innern sind Funde aus gallorömischer Zeit und Waf-fen zu sehen.

Am nördlichen Stadtrand um-gibt eine reizvolle Parklandschaft das von Wassergräben geschützte **Château de la Grange.** Zu besich-tigen sind eine Küche mit großem Rauchfang sowie Privatgemächer (www.chateaudelagrange.com, Führungen tgl. 14.30–17.30 Uhr, in der Nebensaison nur Sa/So).

Le Pont-Ecluse über dem Canal des Fortifications bei Thionville

Étain 3

Der knapp 4000 Einwohner zählende Ort verdankt seinen Bekanntheitsgrad unter Kunstkennern der in der Kirche St-Martin aufgestellten **Pietà des Bildhauers Ligier Richier.** Die Darstellung der Muttergottes, die den sitzenden Leichnam Christi stützt, wird von Experten wegen ihrer plastischen Ausdrucksweise zu den hinreißendsten Werken des Künstlers gerechnet (www.ville-etain.fr, April–Sept. Mo–Sa 9–12 und 13.30–17.30 Uhr).

Hotel

La Sirène
22, ave Prud'Homme Havette
Tel. 03 29 87 10 32
http://hotel.sirene.free.fr
Landgasthof mit 22 einfachen, renovierten Zimmern mit Bad und TV. Im Restaurant kommt traditionelle Küche auf den Tisch. ●

Siegesdenkmal in Verdun

*Verdun 4

Der Name dieser Stadt (22 000 Einw.) ist untrennbar mit den Schrecken des Ersten Weltkriegs verbunden. Der Ausbau Verduns zur Festungsstadt – erst 1648 nach dem Anschluss an Frankreich, dann nach dem Krieg 1870/71 – und gewaltige Zerstörungen im Ersten Weltkrieg haben nur wenige alte Gebäude übrig gelassen.

Die ****Citadelle souterraine**, eine Festung mit unterirdischen Kasematten und Gängen, Munitionskammern und Versorgungseinrichtungen, ließ Vauban errichten. Besucher können mit automatisch gelenkten Fahrzeugen durch die mit Kriegsszenen ausgestalteten, beleuchteten Anlagen fahren (www.verdun.fr, Juli/Aug. tgl. 9–19, sonst 10–12 und 14–17 Uhr).

Mit der Wahrung des Friedens beschäftigt sich das **Centre Mondial de la Paix** im nahen Palais Épiscopal. Es zeigt multimediale Ausstellungen zum Thema (Juli und Aug. tgl. 9.30–19 Uhr, sonst kürzer, www.centremondialpaix.asso.fr).

Im Zentrum der Oberstadt steht die romanische Kathedrale **Notre-Dame**, die im 11. Jh. mit zwei Querhäusern, zwei Krypten und zwei Chören errichtet wurde. Im Lauf der Zeit kamen weitere Teile hinzu, wie in der Barockzeit die Ausstattung des Innenraums und die Veränderung der vier Chorflankentürme. Am östlichen Querschiff zeigt das sog. ***Löwenportal** im Tympanon Christus in

Echt gut!

der Mandorla, umgeben von den vier Evangelistensymbolen.

Info

Office de Tourisme
place de la Nation
Tel. 03 29 84 14 18
www.verdun-tourisme.com

Hotels

■ **Hostellerie du Coq Hardi**
8, ave de la Victoire
Tel. 03 29 86 36 36
www.coq-hardi.com
Exquisites Fachwerkhotel mit 35 Zimmern und Suiten unterschiedlicher Kategorien. Spitzenrestaurant. ●●●

■ **Cloche d'Or**
10, place St-Paul
Tel. 03 29 86 03 60
http://sarllaclochedor.fr
Einfaches Zwei-Sterne-Hotel für Gäste ohne große Ansprüche. Restaurant. ●

■ **Auberge de Jeunesse**
place M. Ginisty
Tel. 03 29 86 28 28
www.fuaj.org/Verdun
Zwischen Kathedrale und Palais Épiscopal gelegene Jugendherberge. ●

Ausflug zu Kriegsschauplätzen bei Verdun

Die Umgebung von Verdun zeigt deutliche Spuren des Stellungskrieges von 1916/1917, der 800 000 Menschenleben forderte. Im nordöstlich von Verdun gelegenen **Douaumont** steht eines der stärksten Forts der Gegend. Im **Ossuaire de Douaumont** wurden die Gebeine von ca. 130 000 nicht

identifizierten Soldaten bestattet (www.verdun-douaumont.com). Ein weiteres Fort befindet sich im benachbarten **Vaux.**

Fleury gehört zu den Dörfern in der Umgebung von Verdun, die dem Erdboden gleichgemacht wurden. Hier informiert das **Mémorial de Verdun** über das damalige Kriegsgeschehen (Mitte Dez.–Mitte Jan. geschl., www.memorial-de-verdun.fr,).

Parc Naturel Régional de Lorraine ⑤

Der 2600 km² große Naturpark schützt Landschaften und Biotope zwischen Verdun im Norden und Toul im Süden, der Maas im Osten bis zur Mosel im Westen. Manche Bereiche zwischen Waldgebieten und Seen, wie beispielsweise die Woëvre-Ebene, sind nur sehr dünn besiedelt (www.pnr-lorraine.com). Der 12 km² große **Lac de Madine** bildet das Zentrum des westlichen Parkteils und ist ein beliebtes Naherholungsgebiet (www.lacmadine.com).

In der Region sind eine Reihe von Schlössern zu bewundern. Im **Château d'Hattonchâtel** kann man sogar fürstlich übernachten (www.au-chateau.com/Hattonchatel.htm). Wer sich für alte Klöster interessiert, ist in **Vilcey-sur-Trey** in der Abbaye de Sainte Marie aux Bois, in **Corniéville** in der Abbaye de Rangéval und in **Pont-à-Mousson** in der Abbaye des Prémontrés richtig.

Das »Skelett« von Ligier Richier

St-Mihiel 6

Hier begegnet man dem Werk von Ligier Richier gleich zweimal. Die Gründung der Stadt geht auf die **Benediktinerabtei St-Michel** zurück, von deren Kirche nur noch der trutzige, spätromanische Westturm erhalten ist. Im Innern sind Werke von Richier, u.a. die ohnmächtige Muttergottes, zu sehen. In der **Église St-Étienne** erinnert eine 13-köpfige Skulpturengruppe aus Stein an den Bildhauer (www.saintmihiel.fr).

*Bar-le-Duc 7

Die ehemalige Hauptstadt (18 600 Einw.) des Herzogtums Bar ist v. a. während des Renaissance-Festivals Ende Juni/Anfang Juli einen Besuch wert. Sie besteht aus einer geschäftigen Unter- und der historischen Oberstadt. Die Häuser rund um die **Place St-Pierre** mit der gleichnamigen Kirche zeigen sowohl gotische als auch Renaissanceformen. Zu den berühmtesten Grabmälern der Renaissance-

zeit zählt das sogenannte »Skelett« von Ligier Richier in der **Église St-Étienne,** eine von erschreckendem Realismus geprägte Darstellung des verstorbenen René de Chalon, Prinz von Oranien, der 1544 im Alter von 25 Jahren fiel.

Info

Office de Tourisme
5, rue Jeanne d'Arc
Tel. 03 29 79 13 11
www.mairie-bar-le-duc.fr

Hotel

Hôtel de la Gare
2, place de la République
Tel. 03 29 79 01 45
www.barleduchotel.com
Mittelklassehaus mit 45 Zimmern. Der Speiseraum des Restaurants L'Escargot verdient zwar keinen Schönheitspreis, aber die gute Qualität der Küche entschädigt dafür. ●●

Restaurant

La Meuse Gourmande
1, rue François de Guise
Tel. 03 29 79 28 40
So abends und Mi geschl.
Gehobene Regionalküche. ●●

Commercy 8

Hier befindet sich die einstige Lieblingsresidenz des polnischen Exkönigs Stanislas Leszczynski, der das mittelalterliche Schloss mit gotischen Gewölben von seinem Architekten Héré modernisieren ließ. Die Gesamtanlage ähnelt Versailles und Lunéville (im Sommer tgl. 9–12 und 14–18 Uhr, sonst So Ruhetag).

Vaucouleurs 9

Schlosskapelle von Vaucouleurs

Von der Burg stehen nur noch die Grundmauern. In dieser Festung verhandelte Jeanne d'Arc im Jahr 1429 mit dem Stadtkommandanten Baudricourt, der sie schließlich auf ihr inständiges Drängen mit einer Eskorte und einem Empfehlungsschreiben ausstattete. Danach ritt sie in elf Tagen durch feindliches Territorium an den Hof von Charles VII. in Chinon an der Loire, um dem Dauphin ihre Unterstützung im Kampf gegen die Engländer anzutragen. Vor dem Rathaus erinnert ein Standbild an die französische Nationalheilige. Das benachbarte **Museum** zeigt Erinnerungsstücke an sie sowie an die hier geborene Jeanne Bécu (1743 bis 1793), die spätere Madame Dubarry und Geliebte von Louis XV. Durch die oberhalb des Ortes stehende **Porte de France** verließ Johanna angeblich den Ort in Richtung Loire.

Hotel

Hôtel-Restaurant Jeanne d'Arc
2, place d'Armes
Tel. 03 29 91 86 76

Frankreichs Nationalheldin

Jedes Jahr am 30. Mai feiert ganz Frankreich Jeanne d'Arc, die französische Nationalheilige. Als Tochter eines Bauern in Domrémy-la-Pucelle geboren, setzte sie sich in jugendlichem Alter im Hundertjährigen Krieg an die Spitze der französischen Truppen, um gegen die Engländer zu kämpfen. Den Auftrag dazu wollte sie in mehreren religiösen Visionen u.a. vom Erzengel Michael bekommen haben. In Männerkleidung ritt sie von Vaucouleurs an den Hof von Charles VII. in Chinon und konnte den Dauphin in mehreren Audienzen von ihrem unbedingten Siegeswillen überzeugen. Als Anführerin einer kleinen militärischen Einheit zog sie nach Orléans, erkämpfte sich den Zugang zur belagerten Stadt und brachte die dort Eingeschlossenen dazu, den Belagerungsring zu sprengen. Damit legte sie den Grundstein für eine entscheidende Wende im Krieg gegen England. 1430 geriet sie in englische Gefangenschaft, wurde später in Rouen vor Gericht gestellt und nach einem Schuldspruch am 30. Mai 1431 als Ketzerin auf dem Scheiterhaufen verbrannt. In einem 24 Jahre später angestrengten Revisionsprozess hob der Vatikan das Urteil auf. Die zur Märtyrerin erklärte Jungfrau von Orléans wurde 1920 von Papst Benedikt XV. heilig gesprochen.

Gegenüber dem Rathaus gelegenes Hotel der einfachen Kategorie mit 10 spartanisch ausgestatteten Gästezimmern. ●

*Domrémy-la-Pucelle 10

Im Dorf (170 Einw.) steht noch, wenn auch stark verändert, das Geburtshaus von Jeanne d'Arc. Ein winziges Museum bewahrt Dokumente aus ihrem Leben. In der kleinen Kirche direkt neben ihrem Elternhaus wurde sie am 6. Januar 1412 getauft.

Die Wallfahrtskirche **Basilique nationale du Bois-Chenu** von 1881 mit beeindruckenden Wandbildern und Kirchenfenstern wurde außerhalb des Ortes mitten in der Landschaft an jener Stelle errichtet, an der Johanna angeblich ihre Visionen hatte, in denen sie zum Krieg gegen England aufgefordert wurde.

Grand 11

In seiner Blütezeit unter den Römern hatte der Ort schätzungsweise 60 000 Einwohner, obwohl er militärisch keine Rolle spielte. Heute leben hier noch kaum 500 Menschen. Nahe der Kirche wurde 1883 ein *Bodenmosaik von ca. 14 Metern Länge gefunden, das noch in gutem Zustand ist. Hauptsehenswürdigkeit ist das römische *Amphitheater am Ortseingang, eines der zehn größten Amphitheater der römischen Welt.

Pompierre 12

Im Straßendorf lohnt die Kirche wegen des romanischen *Portals einen Besuch. Seine Säulen mit reich ornamentierten Schäften ruhen auf Löwenfiguren und Fabelwesen. Den Türsturz der Kirche tragen Atlanten.

Hotel

Gîte d'Hélène
Circourt-sur-Mouzon
Tel. 03 29 94 70 45
http://francoise.vouillaume.free.fr
Ferienwohnung (2 Zimmer, Küche, Bad) 6 km nördlich von Pompierre, die man übers Wochenende oder länger buchen kann.

12 Vittel 13 und Contrexéville 14

Ihr Mineralwasser macht die beiden Nachbarorte weit über Frankreichs Grenzen hinaus bekannt. Im Zentrum des Interesses stehen die Thermen. Sowohl in Contrexéville – römisch Contra Aquas Villa – als auch im etwas größeren Vittel gibt es Spielkasinos. Wer einfach die gepflegte Atmosphäre genießen möchte, sollte einen Spaziergang durch den schönen Kurpark in Vittel nicht auslassen.

Die **Thermen von Vittel** haben ihr Angebot auf moderne Fitness-, Beauty- und Wellnessprogramme ausgerichtet, die man auch als Tagesbesucher in Anspruch nehmen kann (Les Thermes de Vittel, BP 106, 88804 Vittel Cedex, Tel. 03 29 05 20 84, www.thermes-vittel.com). Ähnliche Anwendungen gibt es auch in Contrexéville (www.contrexminceur.com).

Hôtel des Sources
28, rue Ziwer Pacha
Contrexéville
Tel. 03 29 08 04 48
Nur wenige Schritte von den Thermen entferntes Traditionshotel mit 40 geräumigen Zimmern mit Balkon. ●

Bains-les-Bains 15

Im kleinen Bains-les-Bains sprudeln elf unterschiedliche Quellen mit radioaktivem Wasser. Im 19. Jh. entstand auf den Resten der römischen Badeanlagen das **Bain Romain** (www.ot-bains-les-bains.fr).

Plombières-les-Bains 16

Der reizvoll gelegene Ort war mit seinen 27 heißen Quellen lange Zeit der Lieblings-Kurort der französischen Prominenz. Dank seiner schönen Lage in einem von bewaldeten Bergflanken eingerahmten Tal ist Plombières nicht nur Kur-, sondern auch beliebter Erholungsort mit stattlichen Hotels aus der guten, alten Zeit.

Info

■ **Office de Tourisme**
1, pl Maurice Janot
Tel. 03 29 66 01 30
www.vosgesmeridionales.com

■ **Compagnie Thermale de Plombières-les-Bains**
Passage des Capucins
Tel. 03 29 30 00 00
www.plombieres-les-bains.com

Hotel

Le Prestige Impérial
Avenue des Etats-Unis
Tel. 03 29 30 07 38
www.hotel-prestige-imperial.fr
In einem Garten gelegene, von Napoléon III. erbaute Residenz, die den Thermen von Plombières-les-Bains angeschlossen ist. ●●

*Épinal 17

In der Stadt im Moseltal (40 000 Einw.) zählt die ehemalige Abteikirche **St-Maurice** zu den kunsthistorischen Sehenswürdigkeiten. Zum Pflichtprogramm gehört auch der Besuch des **Musée de l'Image.** Die mit Holzdruckstöcken hergestellten Bilderbogen der Druckerei Pellerin in Épinal, die damals in etwa die Funktion der heutigen Boulevardpresse hatten, erfreuten sich im 19. Jh. großer Beliebtheit. Die Ausstellungen zeigen jeweils einen Teil der ca. 23 000 Bilderbögen und Holzschnitte, die sich in den Archiven des Museums befinden (42, quai de Dogneville, Juli/Aug. Mo–Do und Sa 9.30–12.30 und 13.30–18.30 Uhr, Fr durchgehend, So 10–12.30 und 13.30–18 Uhr, sonst kürzere Zeiten).

Die **Festung** aus dem Mittelalter, die auf einem Hügel über der Stadt thront, ist nur noch zum Teil erhalten.

Karte
Seite 124

Info

Office de Tourisme
6, place St-Goëry
Tel. 03 29 82 53 32
www.office-tourisme-epinal.com

Hotels

■ **La Fayette**
Le Saut-le-Cerf
Tel. 03 29 81 15 15
www.bestwestern-lafayette-
epinal.com
3-Sterne-Haus mit komfortablen klimatisierten Zimmern. Fitnessraum mit
Jacuzzi und Sauna. ●●—●●●

■ **Première Classe**
33, rue Merle Blanc
Tel. 08 92 70 72 80
www.premiere-classe-epinal.fr
Budget-Motel mit allem, was man
zum Übernachten braucht. ●

Restaurant

Le Petit Robinson
24, rue Poincaré
Tel. 03 29 34 23 51
www.lepetitrobinson.fr
Sa Mittag und So geschl.
Restaurant in der Altstadt mit einer
Vorliebe für regionale Gerichte und
Fisch- bzw. Wildspezialitäten. ●●

St-Dié 18

Das Städtchen (25 000 Einw.)
an der Meurthe wurde nach den
Zerstörungen des Zweiten Weltkriegs in nüchternem Stil wieder
aufgebaut. Hinter einer Fassade
des 18. Jhs. verbirgt sich der ro-
manisch-gotische Bau der **Kathedrale St-Dié,** den ein Kreuzgang
mit der Kirche **Notre-Dame** verbindet. Im **Musée Pierre-Noël**

sind neben moderner Kunst archäologische und volkskundliche
Sammlungen zu sehen (Di–Sa
10–12 und 14–19, So 14–19 Uhr).

Baccarat 19

Anfang des 19. Jhs. begann hier
die erste Glashütte mit der Herstellung von Kristallwaren. Einen
Überblick über die Manufaktur
und die Herstellungstechniken
verschafft das **Musée Baccarat**
(s. Special ❯ S. 137) im ehemaligen Haus des Fabrikanten.

Hotel

Hôtel La Renaissance
31, rue des Cristalleries
Tel. 03 83 75 11 31
www.hotel-la-renaissance.com
Die 16 Zimmer dieses Hotels sind mit
Minibar und Telefon ausgestattet,
kostenloses WLAN im Haus. ●●

Shopping

Wer Kristallglas schätzt, kann direkt in
den Werkstätten einkaufen ❯ S. 137.

Lunéville 20

Das früher als »lothringisches
Versailles« apostrophierte **Schloss**
des Städtchens (21 000 Einw.) entstand im 18. Jh. im Auftrag von
Herzog Léopold I. nach einem
Entwurf von Germain Boffrand.
Ein Großbrand Anfang 2003 hat
die Residenz schwer beschädigt.
Die Wiederaufbauarbeiten sollen
bis 2015 andauern, Teile des
Schlosses können aber wieder besichtigt werden (www.chateau
deslumieres.com).

Die Kirche **St-Jacques** südlich des niedergebrannten Schlosses ist die einzige Rokokokirche Lothringens. Ihr Inneres birgt schöne Schnitzarbeiten.

*St-Nicolas-de-Port 21

Den Untergang der einst blühenden Stadt (7500 Einw.) besiegelte der Dreißigjährige Krieg. Heute ist die Kirche ***St-Nicolas** mit einer Reliquie des lothringischen Schutzpatrons einer der bedeutendsten Pilgerorte Lothringens.

Im einstigen Brauereigebäude informiert das **Musée Français de la Brasserie** über die Kunst des Bierbrauens. Es besitzt auch sehenswerte Jugendstilfensterscheiben der Schule von Nancy (www.passionbrasserie.com).

**Toul 22

Die alte Stadt (17500 Einw.) an Rhein-Marne-Kanal und Mosel gehörte seit 925 zum Heiligen Römischen Reich Deutscher Nation und wurde 1648 französisch. Hübsche Renaissancehäuser säumen die Rue Général Gengoult und die Rue Michâtel auf der Altstadtinsel, die fast komplett von Mosel und Kanälen umrahmt ist.

Die gotische Kathedrale ****St-Étienne** in der Altstadt, erbaut ab 1221, besitzt eine wundervolle Westfassade im Flamboyantstil. Im eher schlichten Innenraum lassen sich an Kapitellen und Maßwerkformen die verschie-

Die Oberstadt von Liverdun

denen Bauzeiten ablesen. Das Querhaus und die beiden östlichen Turmhallen besitzen noch originale Fenster aus dem frühen 16. bzw. dem 13. Jh. An die Südseite grenzt einer der größten **Kreuzgänge** Frankreichs an. Ungefähr zur selben Zeit und nach dem Vorbild der Kathedrale wurde die Kirche **St-Gengoult** an der Place du Marché erbaut. Der ***Kreuzgang** entstand am Übergang zur Renaissance.

*Liverdun 23

Auf einer Anhöhe hoch über einer Moselschleife wirkt die Stadt (6500 Einw.) z.B. um die **Place d'Armes** mit ihren Arkadenhäusern wie eine Bilderbuchidylle. Die dreischiffige Hallenkirche **St-Euchaire** (Ende des 12. Jhs.) zeigt, von späteren Veränderungen abgesehen, deutlich den Einfluss des Zisterzienserordens.

Special
Handwerk mit Schliff

Überall dort, wo in Lothringen die Meisterwerke der traditionellen Kristallglaskunst ausgestellt werden, glitzert und leuchtet es. Bis ins 19. Jh. gehörten Fürstenhöfe in Frankreich, Russland, Italien und Persien zum erlauchten Kundenkreis der regionalen Handwerkszentren. Prominente Käufer waren u.a. Zar Peter der Große, Marie-Antoinette, Louis XVI. und Napoleon. Heute können alle die Produkte der Kristallerien erwerben.

Nancy
Vasen mit Pflanzen- und Tierornamenten, Schalen aus farbigem Glas, Buntglasgefäße in schmiedeeisernen Halterungen: Die in der **Cristallerie Daum** in Nancy seit 1878 hergestellten Produkte sind Sammlerstücke. In der **École de Nancy** sind Arbeiten wie z.B. eine »Feigenkaktus-Lampe« nach Entwürfen der Gebrüder Daum

zu besichtigen. Die **Collection Daum** im Musée des Beaux-Arts de Nancy besteht aus ca. 600 Einzelstücken, eines extravaganter als das andere.

■ **Cristallerie Daum**
17, rue Cristalleries
Tel. 03 83 32 21 65][**www.daum.fr**
Besichtigungen nur nach Voranmeldung Fr 10 Uhr.

■ **Boutique Cristallerie Daum**
14, place Stanislas
Tel. 03 83 32 21 65][**www.daum.fr**
Tgl. außer So und Mo Vormittag
9.30–12.30 und 14–19 Uhr
Glaskunst von höchster Qualität.

■ **Musée de l'École de Nancy**
36–38, rue du Sergent Blandan
Tel. 03 83 40 14 86
www.ecole-de-nancy.com
Mi–So 10–18 Uhr

■ **Musée des Beaux-Arts de Nancy**
3, pl. Stanislas][**Tel. 03 83 85 30 72**
www.nancy.fr/culturelle/musee/
html/beaux_arts.php
Tgl. außer Di 10–18 Uhr

Baccarat

Schmuck, Flakons, Vasen, Lüster und andere Dekorationsstücke, wie sie das **Musée Baccarat** in Baccarat > S. 134. zur Schau stellt, waren schon vor 200 Jahren in der High Society begehrt. Zu den schönsten Stücken zählen Geschenke für Kaiser, Könige und Staatschefs. In einem Saal erfahren Besucher außerdem interessante Details über die Herstellungsweise und Verarbeitung von Bleikristall sowie über den Stilwandel im Laufe der Zeit.

Musée Baccarat
20, rue des Cristalleries
Tel. 03 83 76 61 37
Sept.–Juni tgl. 9–12 und 14–18 Uhr,
Juli–Aug. 9–12.30 und 14–18 Uhr

Weitere Kristallfabriken

Die gesamte Produktion der kleinen **Cristallerie de Montbronn** ist im Verkaufsschauraum zu besichtigen. Hergestellt werden vor allem Gegenstände des täglichen Bedarfs wie Flakons, Flaschen und Krüge, Gläser mit Gold- und Platingravierungen, Vasen, Aschenbecher, Flaschen zum Dekantieren von Rotwein und leuchtende Glasteller, daneben aber auch sakrale Gegenstände und Sporttrophäen.

Zu ihren besten Zeiten waren in der südöstlich von Sarrebourg gelegenen Manufaktur **Cristalleries de Vallerysthal** bis zu 1300 Spezialisten beschäftigt. Heute verdienen hier gerade noch ein Dutzend Fachkräfte ihren Lebensunterhalt. Die Produktion

beschränkt sich auf die Herstellung von Glasgeschirr, aber auch Lampen und Trinkgläser in den unterschiedlichsten Formen finden ihre Käufer.

Die **Cristallerie de Portieux** zwischen Nancy und Épinal bezaubert ihre Besucher nicht nur durch ein überaus gelungenes Design, sondern auch durch eine faszinierende Farbgebung.

Die Qual der Wahl haben Besucher auch bei **Cristyl** in Lemberg, wo das Angebot aus handgefertigten Karaffen, Tassen, Vasen und reizenden Dekorationsstücken besteht.

■ Cristallerie de Montbronn
13, rue des Verriers
Montbronn
Tel. 03 87 96 36 11
www.cristallerie-montbronn.com
Mo–Fr 8–12, 13.30–17.30 Uhr,
im Februar geschl.

■ Cristalleries de Vallerysthal
12, rue Cristallerie
Troisfontaines
Tel. 03 87 25 62 04
www.terresdest.fr
Mo–Fr 10–12, 13–17,
Sa 14–17 Uhr

■ Cristallerie de Portieux
35, rue des Arts
Portieux
Tel. 03 29 67 42 22
www.verreriedeportieux.fr
Mo–Sa 10–12 und 14–17 Uhr,
So 14–17 Uhr

■ Cristyl
rue de Sarreguemines
Lemberg
Tel. 03 87 06 41 91
www.cristyl.com
Mo–Fr 9–12 und 13.30–17 Uhr

*Pont-à-Mousson 24

Die Stadt (15 000 Einw.) erstreckt sich zu beiden Seiten der Mosel. Im Zentrum liegt die **Place Duroc.** Besonders eindrucksvoll präsentiert sich das **Haus der sieben Todsünden** (16. Jh.). Diese sind in einem Fries und als Karyatiden dargestellt. Der Christus in der nahen Kirche **St-Laurent** wurde vermutlich in der Werkstatt von Ligier Richier gearbeitet.

Die Kirche **St-Martin** an der Moselbrücke birgt eine Grablegung mit 21 Figuren, die burgundischen Einfluss aufweisen.

Info

Office de Tourisme
52, place Duroc
Tel. 03 83 81 10 68
www.ville-pont-a-mousson.fr

Hotel

■ **Bagatelle**
49, rue Gambetta
Tel. 03 83 81 03 64
www.bagatelle-hotel.com

Église St-Martin

Gemütliches Hotel mit eigenem Restaurant, WLAN in allen Zimmern. ●

■ **Comfort Hôtel**
210, ave des Etats-Unis
Tel. 03 83 81 08 57
www.choicehotels.fr
Einfaches Hotel mit 40 Zimmern, schön an der Mosel gelegen. Hauseigenes Le Bistro de Primevère. ●

Nightlife

Le Swing
266, ave des Etats-Unis
Tel. 03 83 83 16 61
Mi-So ab 22 Uhr
Disco und beliebter Treff junger Leute.

Gorze 25

Das Dorf (1400 Einw.) liegt abseits des Moseltals. Bekannt wurde es durch die Reform des Benediktinerordens. Bis zum Ende des 11. Jhs. hatten sich ihr 160 Klöster angeschlossen. Doch setzte dann die Reformation den Bestrebungen ein Ende. Bauzeugnis der damaligen Zeit ist die frühgotische **Abteikirche.** Am Nordportal thront eine Marienfigur zwischen zwei Engeln; das benachbarte Portal zeigt im Tympanon das Jüngste Gericht.

Hotel

Hostellerie du Lion d'Or
105, rue du Commerce
Tel. 03 87 52 00 90
Seit über 50 Jahren im Familienbesitz befindliche, ehemalige Poststation mit gediegen-rustikalem Dekor. Die 15 Gästezimmer sind für eine Nacht o.k. ●

Infos von A–Z

Ärztliche Versorgung

Gesetzlich Versicherte können bei ihrer Krankenkasse die Europäische Krankenversicherungskarte EHIC beantragen (www.dvka.de) und damit ohne französischen Krankenschein einen Arzt konsultieren. Eine private Krankenversicherung zum Ausschluss der Eigenbeteiligung im Falle eines Rücktransports ist dennoch ratsam.

Behinderte

Einen Hotel- und Restaurantführer verschickt **A. P. F.**, Délégation de Paris, 17, blvd Auguste-Blanqui, 75013 Paris, Tel. 01 40 78 69 00; www.apf.asso.fr.

Diplomatische Vertretungen

Konsulate in Europa:

■ **Deutschland**
6, quai Mullenheim, 67000 Strasbourg, Tel. 03 88 24 67 00
E-Mail: info@strasbourg.diplo.de

■ **Österreich**
29, ave de la Paix, 67000 Strasbourg, Tel. 03 88 36 64 04
E-Mail: strasbourg-gk@bmaa.gv.at

■ **Schweiz**
23, rue Herder, 67000 Strasbourg, Tel. 03 88 35 00 70
E-Mail: stc.vertretung @eda.admin.ch

Elektrizität

Bis auf wenige Ausnahmen beträgt die Netzspannung 220 V. In ländlichen Gegenden gibt es manchmal noch 110 V. Ein Adapter ist dann sehr praktisch.

Feiertage

Neujahr, Ostermontag, 1. Mai, 8. Mai (dt. Kapitulation 1945), Christi Himmelfahrt, 14. Juli (Nationalfeiertag), 15. Aug. (Mariä Himmelfahrt), 1. Nov. (Allerheiligen), 11. Nov. (Waffenstillstand 1918), 25. Dez. Nur im Elsass und im Dép. Moselle sind auch Karfreitag und 26. Dez. Feiertage.

Fotografieren

In Museen und Schlössern ist das Fotografieren oder Filmen, wenn überhaupt, nur ohne Stativ und Blitz gestattet.

Geld

An vielen Geldautomaten kann man mit einer Bankkarte (Cirrus- oder Maestro-Symbol obligatorisch) und PIN-Nummer bzw. mit Kreditkarten Bargeld abheben. Kreditkarten sind weit verbreitet, v. a. Visa und MasterCard.

Information

Französisches Fremdenverkehrsamt:
Die Büros von Atout France bieten Beratung und Infomaterialien:

■ **Zeppelinallee 37**, 60325 Frankfurt/Main, Tel. 0900-1 57 00 25, www.franceguide.com

■ **Argentinierstr. 41 a**, 1040 Wien, Tel. 01/585 89 22 70, E-Mail: info.at@franceguide.com

■ **Rennweg 42**, 7226 Zürich, Tel. 044-217 46 00, info.ch@franceguide.com

Regionale Touristenbüros:

■ **Comité Régional du Tourisme d'Alsace**, 20A, rue Berthe Molly, BP 50247, 68005 Colmar, Tel. 03 89 24 73 50, www.tourisme-alsace.com/de

■ **Agence de Développement Touristique du Bas-Rhin**, 4, rue Bartisch, 67100 Strasbourg, Tel. 03 88 15 45 88, www.tourisme67.com/de

■ **Association Départementale du Tourisme du Haut-Rhin**, 1, rue Schlumberger, 68006 Colmar, Tel. 03 89 20 10 68, www.tourisme68.com/de

■ **Comité Régional du Tourisme de Lorraine**, Abbaye des Prémontrés,

54704 Pont-à-Mousson, Tel. 03 83 80 01 80, www.tourisme-lorraine.fr
■ **Comité Départemental du Tourisme de la Moselle**, 2-4, rue du Pont-Moreau, 57003 Metz, Tel. 03 87 37 57 80, www.tourismus-moselland.com
■ **Comité Départemental du Tourisme de Meurthe-et-Moselle**, 14, rue Majorelle, 54000 Nancy, Tel. 03 83 94 51 90, www.tourisme-meurtheetmoselle.fr
■ **Comité Départemental du Tourisme de la Meuse**, 33, rue des Grangettes, 55000 Bar-le-Duc, Tel. 03 29 45 78 40, www.tourisme-meuse.com
■ **Comité Départemental du Tourisme des Vosges**, Avenue du Général de Gaulle, 88001 Épinal, Tel. 03 29 82 49 93, www.tourismevosges.fr

Notruf (gebührenfrei)
■ **allgemein:** 112
■ **Polizei:** 17
■ **Feuerwehr:** 18
■ **Notarzt (SAMU):** 15

Öffnungszeiten
Frankreich kennt kein striktes Ladenschlussgesetz. Während der Reisesaison bleiben in den Ferienorten die Läden je nach Bedarf abends länger geöffnet. Dafür schließen sie in der Nebensaison umso früher. Bäckereien sind häufig montags geschlossen, dafür gibt es sonntagmorgens frische Croissants.

Viele der riesigen Hypermarchés haben von 9–21 Uhr geöffnet (Mo meist erst ab 12 bzw. 13 Uhr).
■ **Geschäfte:** meist 9–12/14–19 Uhr.
■ **Banken:** 9–12/14–17 Uhr. Sa nachmittags und evtl. Mo geschlossen.
■ **Postämter:** Mo–Fr 9–19 Uhr (auf dem Land Mo–Fr 8–12/14–18.30 Uhr) sowie Sa bis 12 Uhr.
■ **Museen:** Die meisten staatlichen Museen sind Mo oder Di geschlossen.

Post
Briefmarken sind im Postamt (www.laposte.fr) und im Tabakgeschäft (**Tabac** oder **Bar-Tabac**) erhältlich. Postkarten und Briefe (bis 20 g) von Frankreich nach Deutschland, Österreich und in die Schweiz kosten 0,70 € Porto.

Telefon / Handy
Münztelefone gibt es kaum noch, die **Télécarte** für Kartentelefone ist in Postämtern und **Tabac-Geschäften** zu kaufen. Die zehnstelligen französischen Telefonnummern werden auch innerhalb der Orte bzw. Départements mit der 0 gewählt.

In den französischen **Mobilfunknetzen** (GSM 900/1800) kann man mit Dual-Band-Handys fast überall problemlos telefonieren.

Internationale Vorwahlen:
■ **Deutschland:** 00 49
■ **Österreich:** 00 43
■ **Schweiz:** 00 41
■ **nach Frankreich:** 00 33
(ohne die 0 der 10-stelligen Nummer)

Trinkgeld
Laut Gesetz ist der Bedienungszuschlag im Preis enthalten *(service compris)*. Kellner erwarten jedoch ein kleines Trinkgeld. Auch das Hotelpersonal und die Taxifahrer freuen sich über einen Obolus.

Urlaubskasse	
Tasse Kaffee	1,80–2,50 €
Softdrink	2,30 €
Glas Bier	3,20 €
Tarte flambée	7–8 €
Kugel Eis	2–2,50 €
Taxifahrt (Kurzstrecke ca. 10–12 km)	20 €
Mietwagen/Tag (preisgünstigste Saison)	120 €

Register

Aktivitäten 17
Altkirch 107
Amnéville-les-Thermes 115, 127
Andlau 78
Anreise 16
Architektur 34
Avolsheim 73

Baccarat 134, 137
Bains-les-Bains 133
Ballon d'Alsace 101
Bar-le-Duc 130
Barr 78
Bartholdi, Frédéric-Auguste 37, 89
Betschdorf 65
Bevölkerung 32
Biesheim 108
Bitche 68
Boersch 75
Bugatti, Ettore 73

Cagliostro 70
Callot, Jacques 36
Chagall, Marc 111
Château de Haroué 121
Château d'Hattonchâtel 129
Château du Nideck 72
Col de la Schlucht 101
Col du Bonhomme 100
Col du Donon 78
Colmar 86
Commercy 130
Contrexéville 132

Dabo 71
Dachsburg 71
Dambach-la-Ville 79
Domrémy-la-Pucelle 131
Douaumont 129

Ebersmunster 99

École de Nancy 121
Ecomusée d'Alsace/Bioscope 104
Eguisheim 92
Elektrizität 139
Épinal 133
Essen 42
Étain 128

Falkenstein 68
Feiertage 139
Fermes-Auberges 24
Ferrette 107
Feste 37
Fleckenstein 66
Fleury 129

Gallé, Emile 37
Geld 139
Geografie 28
Gérardmer 101
Geschichte 30
Goethe, Johann W. 64
Golf 20
Gorze 138
Grand 132
Grand Ballon 101
Graufthal 69
Grünewald, Matthias 36, 87
Guebwiller 103

Haguenau 63
Haut-Barr 70
Haut-Kœnigsbourg 98
Héré, Emmanuel 116
Hoffen 65
Hohneck 102
Hunawihr 96
Hunspach 65
Husseren-Wesserling 102

Illhaeusern 97

Information 139
Isenheimer Altar 87

Jeanne d'Arc 126, 131

Kaysersberg 95
Kinder 22
Kintzheim 98
Klettern 20
Klima 15
Konsulate 139
Kristallglas 136
Kunst 34

Lac Blanc 100
Lac de Madine 129
Lac Noir 100
La Petite Camargue 108
La Petite Pierre 69
Le Markstein 102
Lembach 66
Leszczynski, Stanislas 110, 116, 130
Literatur 36
Liverdun 135
Lothringen 110, 122
Lunéville 134

Marlenheim 72
Marmoutier 71
Metz 111
▪ Cathédrale St-Etienne 111
▪ Centre Pompidou 114
▪ Chapelle des Templiers 113
▪ Cour d'Or 112
▪ Hotels 115
▪ Notre-Dame-de-l'Assomption 114
▪ Porte des Allemands 114
▪ Restaurants 115
▪ St-Maximin 114

- St-Pierre-aux-
  Nonnains 113
Molsheim 73
Montbronn 137
Mont Ste-Odile 77
Mulhouse 105
Munster 94
Murbach 103
Mutzig 74

Nancy 116, 136
- Cathédrale Notre-
  Dame 119
- Couvent des Cordeliers
  118
- Hotels 120
- Maison des Adam 119
- Musée de l'École de
  Nancy 121
- Musée de l'Histoire
  du Fer 119
- Musée Lorrain 118
- Palais Ducal 118
- Place d'Alliance 116
- Place de la Carrière
  117
- Place Stanislas 116
- Porte de la Craffe 118
- Restaurants 120
Neuf-Brisach 108
Niederbronn-
  les-Bains 67
Notruf 140

Obernai 76
Öffnungszeiten 140
Ottmarsheim 108

Parc Naturel Régional
  de Lorraine 31, 129
Parc Naturel Régional
  des Ballons des Vosges
  31
Parc Naturel Régional
  des Vosges du Nord
  31, 60, 69
Plombières-les-Bains
  133

Pompierre 132
Pont-à-Mousson 129,
  138

Radfahren 18, 19
Reisezeit 15
Religion 32
Rhein-Marne-Kanal 70
Rhein-Rhône-Kanal 58
Ribeauvillé 96
Richier, Ligier 36, 118,
  125, 128, 130, 138
Riquewihr 95
Rosheim 74
Rouffach 103
Route de la
  Carpe frite 107
Route des Crêtes 101
Route des Vins 40, 95

St-Dié 134
St-Jean-Saverne 69
St-Louis 107
St-Mihiel 130
St-Nicolas-de-Port 135
Ste-Marie
  -aux-Mines 100
Saverne 69
Saxon-Sion 121
Schiffshebewerk 71
Schongauer, Martin 36
Schweitzer, Albert 82
Sélestat 98
Sessenheim 64
Shopping 43
Simserhof 68
Soufflenheim 64
Sport 17
Sprache 33
Störche 22, 94, 96
Straßburg 46
- Ancienne Douane 53
- Barrage Vauban 54
- Cour du Corbeau 53
- Europaviertel 56
- Hotels 56
- Infos 47, 56
- La Petite France 54

- Maison Kammerzell
  51
- Münster 48
- Musée Alsacien 53
- Musée d'Art Moderne
  et Contemporain 54
- Musée de l'Œuvre
  Notre-Dame 51
- Musée Historique 53
- Palais Rohan 52
- Place Broglie 55
- Place de
  la République 55
- Place Kléber 55
- Restaurants 51, 57
- St-Thomas 54
- Shopping 58
- Verkehrsmittel 47
Struthof 78
Sundgau 107

Telefon 140
Thann 102
Thionville 127
Toul 135
Trinkgeld 140
Turckheim 94

Ungerer, Tomi 37, 56
Ungersheim 104
Unterkunft 24

Vaucouleurs 131
Vaux 129
Verkehrsmittel 16
Vieil Armand 101
Vilcey-sur-Trey 129
Vittel 132
Vogesen 28

Wandern 17, 101
Wangenbourg-
  Engenthal 72
Wasigenstein 67
Wein 32, 40, 42, 72, 81
Wintersport 21
Wirtschaft 29
Wissembourg 65